困境与突破

——工科大学创业教育模式再造研究

安 宁 著

科学出版社

北 京

内 容 简 介

本书以创业教育模式的再造为主线和纽带，面向工科大学从模式比较、总体框架设计、课程体系构建、教学方法开发、实施保障策略等五大方面进行系统深入的研究。本书的研究成果兼具学术性和实践性，在学术上将管理学领域的"集群理论"和心理学领域的"自我效能理论"引入创业教育范畴，丰富并拓展了已有的创业教育研究成果，具有理论创新；在实践上可为"大众创业、万众创新"情景下的工科大学开展创业教育工作、培养创新创业型人才提供必要的经验借鉴和方法支持。

本书适合高校和政府教育管理部门的管理人员、从事创业教育的高校教师、创业教育领域的专业研究人员阅读。

图书在版编目（CIP）数据

困境与突破：工科大学创业教育模式再造研究/安宁著.—北京：科学出版社，2017.5
ISBN 978-7-03-052753-0
Ⅰ.①困… Ⅱ.①安… Ⅲ.①高等学校-创造教育-研究-中国
Ⅳ.①G640
中国版本图书馆 CIP 数据核字（2017）第 101418 号

责任编辑：方小丽 李 莉 陶 璇/责任校对：贾伟娟
责任印制：徐晓晨/封面设计：无极书装

科 学 出 版 社 出版
北京东黄城根北街 16 号
邮政编码：100717
http://www.sciencep.com
北京京华虎彩印刷有限公司 印刷
科学出版社发行 各地新华书店经销
*
2017 年 5 月第 一 版 开本：720×1000 1/16
2017 年 5 月第一次印刷 印张：10
字数：202 000
定价：62.00 元
（如有印装质量问题，我社负责调换）

前　言

　　诞生于美国、传播于全球的创业教育是我国高等教育改革的必然趋势。在世界性新一轮重大产业技术革命爆发的前夕，尽管发达国家和发展中国家开展创业教育的时间长短不一、取得的成效高低有别，但对于"加强高校创新创业教育、鼓励大学生自主创新创业"的重要性和必要性却达成了普遍的共识。2012 年以来，我国的国务院、教育部、人力资源和社会保障部及地方政府接连密集出台多项政策和指导意见，以各种方式大力推进高校实施创业教育，对培养能够领导创新、开创事业的创新创业型人才寄予厚望。时至今日，创业教育已经上升为"大众创业、万众创新"背景下的国家战略，成为创新型国家建设的重要组成部分。

　　创新创业型人才培养的高规格，对处于技术创新与科技成果转化前沿的工科大学，提出了更高层次的战略需求。创业教育向高等工程教育领域的渗透，已被视为对既有教育范式最深刻、最尖锐的挑战之一。我国工科大学的创业教育自 1998 年清华大学尝试举办创业竞赛以来，从无到有、从小到大，在本土化方面取得了令人瞩目的速度和力度，但也始终存在着内动力不足、融合度不够、师资匮乏、与社会脱节等一直未能得到很好解决的"顽疾"。当前传统的高等工程教育模式已经很难培养出适应"大众创业、万众创新"要求的创新创业型人才，长此以往，这种教育模式必将严重制约我国以创新驱动为核心的经济发展模式。

　　有鉴于此，本书综合运用多种研究方法，在充分梳理国内外创业教育演进脉络与现状的基础上，比较借鉴最新的理论成果和典型的模式经验，构造工科大学创业教育模式再造模型，从创业型大学定位、创业教育对象分类培养、创业教育与工程教育相融合三个方面进行顶层设计；从基于能力结构的集群式创业课程体系、基于自我效能的交互式创业教学方法两个方面进行路径设计；并从创业教育评价体系、师资有效供给和"三区联动"资源整合支撑三个方面提出相应的实施保障。

　　本书是黑龙江省高等教育教学改革项目（JG2012010255）和黑龙江省高等教育学会"十二五"教育科学研究重点规划课题（HGJXHB1110527）的研究成果。本书的宗旨在于为处于国内外新形势、新环境下的工科大学，持续深入地推进创业教育、改革高等工程人才培养模式、又好又快地培养知识经济时代急需的创新创业型人才，提供坚实的理论依据和可操作的方法、工具。

　　本书具有如下三个特点。

（1）时代性强。创业教育融入高等教育是当前高校人才培养模式改革的时代最强音，但由于种种原因，目前高校实施创业教育的深度和广度都远没有满足社会各界的需求和期盼。本书以时代转型为引导，以社会需求为依托，为工科大学人才培养模式改革、体系再造提供有针对性的理论、方法基础。

（2）系统性强。创业教育具有跨越学科、系统集成的天然属性，在我国又是一个比较新鲜的事物，研究难度很大。本书以创业教育模式的再造为主线和纽带，从模式比较、总体框架设计、课程体系构建、教学方法开发、实施保障策略等五大方面进行系统、深入的研究，体系完整、逻辑严密。

（3）思路新颖。秉承熊彼特"创新是生产要素重新组合"的思想，本书将管理学领域的"集群理论"和心理学领域的"自我效能理论"引入创业教育范畴；在创业教育模式再造的总体框架下，分别构建了集群式创业课程体系和交互式创业教学方法；这对于丰富和深化创业教育的已有研究，更好地支撑高校开展创业教育具有非常重要的理论意义和实践价值。

高校创业教育工作在我国任重而道远，限于作者的能力和精力，本书可能会存在某些疏漏和不足，敬请同行和读者不吝指正。

安　宁

2016 年 10 月于哈尔滨理工大学

目　　录

第1章 工科大学创业教育模式再造的时代诉求

1.1 国家顶层战略对大学生技术创业的现实需求

1.1.1 新形势下大学生创业蕴涵巨大潜力

后金融危机时代，高技术产业格局的世界性重组引发了全球最新一轮的创新与创业高潮。美国、日本、欧盟等世界发达经济体纷纷将目光再次聚焦于国民的创新与创业活动，将激励全社会的创新与创业行为作为促进经济发展的核心战略，期望能够借助此次转型的机遇在创新与创业的浪潮中寻找到新的经济发展引擎，以大量涌现的创新与创业元素为本国的疲软经济注入新生活力，从而最大限度地刺激经济的复苏、反弹和持续增长，并在世界范围内占据新的制高点。

当前，由于各种生产要素的附加价值极其不均衡，全球价值链呈现为一种两边隆起、中间塌陷的"微笑曲线"形状，即以人才、知识、标准、金融和品牌等为关键生产要素的价值环节，远远高于简单的生产加工类的价值环节，如图 1-1 所示。在这种情况下，发达国家为追求价值最大化所做出的理性选择，一方面是将本国产业的低附加值环节向劳动力、土地等生产要素密集、成本低廉的发展中国家进行大规模的转移；另一方面就是通过不断培育创新创业型人才及企业使本国产业沿着全球价值链向高附加值环节持续升级。其实早在 20 世纪 80 年代，管理大师彼得·德鲁克就指出：美国经济之所以能够打破苏联经济学家康德拉季耶夫关于"经济发展过程必然出现周期性经济危机"的著名论断，主要就是因为创

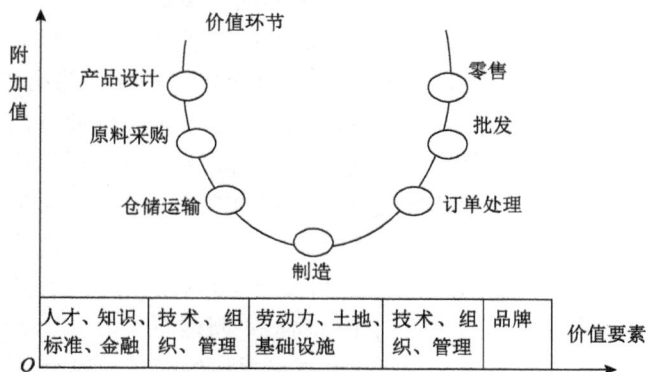

图 1-1 全球价值链的微笑曲线效应

新和具有创业精神的企业家创造了大量的就业机会及国内生产总值（gross domestic product，GDP），从而使美国的经济体系脱胎换骨，由"管理型"经济彻底转向了"企业家型"经济[1]。

美国政府在 2011 年出台的国家战略——"美国创新战略：确保经济增长与繁荣"中明确提出：要以创新赢得未来，迎接挑战。该战略拟通过实施无线计划、专利改革议程、促进 K-12（从幼儿园到 12 年级）教育、加快清洁能源技术开发、"创业美国"计划等五项新的行动方案来提升美国在关键性领域的竞争力，其中"创业美国"计划将促进全美国范围内的创业生态系统的发展，提高能够带来高经济增长和创造新就业空间的高成长型企业的成功率。同年，英国政府发布了"以增长为目标的创新与研究战略"，该战略为英国提供的登顶世界创新经济的法宝是：大力加强技术创新与创业能力。在这之前的 2010 年，德国政府通过了"思想·创新·增长——德国 2020 高技术战略"，该战略为德国未来勾勒的蓝图是再次成为创业之国，将企业家精神和创业文化的触角延伸到尖端技术领域和教育领域。

中国作为"金砖五国"之一、世界新兴经济体最重要的代表，自改革开放以来长期保持着强劲的经济增长势头；1980~2015 年的 35 年间，GDP 增长率有 16 年保持在 10% 以上。近年来，我国政府出台了加快转变经济发展方式、全面"简政放权"、通过"一带一路"更大程度地参与国际贸易等一系列国策，中国经济正在进入"大众创业、万众创新"的新常态。2015 年的政府工作报告中，首次出现了引人注目的"创客"（maker）一词，"创业"更是以"热词"的形式频繁出现在政府工作报告中。随着国家各项政策法规、行动计划、引导基金、试点区域的陆续到位，中国创业者创办新企业的热情将会日益高涨。统计数据表明：2015 年我国全年新增企业同比增长 21.6%，平均每天新登记注册的企业就有 1.2 万家。在中关村自主创新示范区这样的新创企业集聚区，其同比增幅竟然高达 84.6%。

从我国创业者的年龄构成和身份构成来看，青年人，尤其是具有知识、梦想和激情的大学生，无疑是众多创业群体中最具活力及潜力的。《全球创业观察中国报告（2014）》的统计数据显示：我国属于青年创业活跃的国家。18~44 岁青年创业者的活跃程度高于全员创业者，位于 70 个国家和地区的第 22 位；青年创业者中，拥有本科学历的创业者占到 12.2%，也高于全员创业者拥有本科学历的比重（9.2%）。此外，青年创业者中还有 27.5% 的人拥有专科学历。实际上，在国家一系列创业扶持政策和就业持续高压态势的双重驱动下，大学生的创业数量逐年增加，创业意向和创业动机也有明显增强，以"创业带动就业"取得了一定的成效。大学生等 90 后年轻创业者已经和大企业高管及连续创业者、科技人员创业者、留学归国创业者并列为我国创业活动的"新四军"。

从大学生自主创业的数量来看，根据麦可思研究院《2014 年中国大学生就业报告》的统计结果，我国 2011~2013 届应届大学毕业生自主创业的比例如图 1-2

所示。尽管全国总体 2.3%的自主创业率远低于发达国家的水平（通常为 20%～30%），但总体呈现出上升的趋势，这也说明大学生群体蕴藏着巨大的创业潜力。

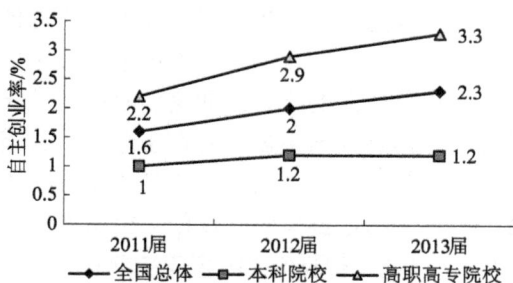

图 1-2　我国 2011～2013 届应届大学毕业生自主创业的比例变化趋势

从大学生自主创业的动机来看，其创业动机正在发生变化。全球创业观察项目根据创业动机的差异，将创业者分为生存型和机会型两类。前者是迫于生存压力而不得不选择创业；后者是为了追求商业机会和更好的事业而进行创业。与前者相比，后者无疑更具有成长潜力，能进行更好的创新活动、创造更多的就业岗位。研究表明：处于 25～44 岁年龄段的青年人更有可能成为机会型创业者，而且这种可能性与他们所拥有的学历正相关。《全球创业观察中国报告（2014）》的结论大致相似：在我国，拥有高中以上学历的青年创业者占机会型创业者的 70%以上。同样，麦可思研究院的报告显示：2013 届本科毕业生的创业动机依次是理想就是成为创业者（46%）、有好的创业项目（17%）、未来收入好（12%）、受他人邀请加入创业（10%）、未找到合适的工作（8%）、其他（7%）；同届高职高专毕业生的创业动机排序与本科毕业生完全一致，所占比重依次是 48%、18%、13%、8%、7%、6%。可见，目前我国大学生因未找到合适的工作而进行生存型创业的比例很低，他们最主要的创业动机是追求自身价值的实现。

1.1.2　创新型国家建设与技术创业的失衡

2006 年我国提出建设创新型国家的宏伟目标；"十三五"规划（2016～2020年）更是一以贯之地将创新列为引领国家发展的第一动力，提出"创新、协调、绿色、开放、共享"五位一体的发展理念。目前，国际上衡量创新型国家的标准是"三高一低"四个指标，即研究与开发（research & development，R&D）支出占 GDP 的比重一般高于 2%；科技进步贡献率一般高于 70%；获得美国、欧洲和日本授权的专利数远高于其他国家；对外技术依存度通常低于 30%[2]。在知识经济时代的大背景下，中国要想在短时间内实现这些指标，建设成为世界上少数的创新型国家，就需要更加充分地调动社会各界的创造性，在战略性技术领域发挥创新与企业家精神，大力推进能够将新兴技术产品化、商业化的技术创业活动。

我国要实现创新型国家的历史性跨越，当前在人力资源储备方面最迫切需要的就是能把各种发明、专利和成果转化为现实生产力的技术创业者，就是善于发现市场机会、善于整合国内外资源的优秀创业家。我国的大学生创业者应该成为这个群体的重要组成部分，但是大学生创业者在蕴藏着巨大潜力的同时也存在着四个方面的结构性失衡。从长远来看，这些结构性失衡非常不利于发挥大学生的创业优势及潜能，必将严重制约该群体对建设创新型国家的应有贡献。

（1）创业者的学历结构失衡。根据《全国高校毕业生就业状况（2009—2010）》的调查结果，在高职高专、本科和研究生三个学历层次的大学生创业者中，2009年拥有研究生学历的仅占3.9%；2010年的比例较2009年略有提高，为4.3%[3]。高职高专和本科毕业生是我国大学生创业者的绝对主流，而硕士和博士毕业生则处于边缘位置。这可能是由于拥有研究生学历的人群更容易获得满意和稳定的工作机会，而很少考虑把创业纳入自己的职业生涯规划。但从国家层面来讲，研究生作为我国最具有前沿知识和技术创新能力的群体之一，过低的创业率必将严重妨碍技术转移和成果转化的效率与效果。世界众多知名的高技术企业最初就是由掌握先进技术的研究生创立的，如美国斯坦福大学工学博士拉里·佩奇（Lawrence Edward Page）和谢尔盖·布林（Sergey Brin），在1998年攻读博士学位期间创建了日后闻名遐迩的"谷歌公司"（Google），该公司由于在网络信息服务、搜索引擎和移动操作系统等领域的突出表现而成为2016年全球最具价值品牌第一名。

（2）创业者的专业结构失衡。统计数据显示：在本科生创业者中，如果按照创业者所属的门类进行划分，位于前三位的依次是文学（26%）、工学（24%）和管理学（20%），属于工学的创业者的比重略超过1/5而远不足1/3；如果将创业者所属的专业归入文科和理工科两大类，则属于文科的创业者（52%）要远远高于属于理工科的创业者（34%）[4]。研究生层面的情况又有所不同，2010年拥有博士和硕士学位的创业者中，其所属门类比例最高的都是工学，分别为55.6%和24.8%[3]。但考虑到研究生创业者占大学生创业者4%左右的比例，仍然可以得出我国大学生创业者以文科学生为主的结论。与此形成鲜明对比的是：目前我国各学历层次的工科在校生都超过了其总量的1/3，2013年专科生、本科生和研究生的统计数据分别为44.05%、33.15%和36.1%[5]。一方面，我国拥有世界上最大规模的工程教育；而另一方面，大学生创业者却是以文科生为主。高校教育没能唤醒工科大学生进行技术创新与创业的热情、潜能和动力，非常不利于技术创新与创业活动。

（3）创业者的领域结构失衡。据《全球创业观察中国报告（2014）》评估，我国青年创业者中注重产品新颖性的比例（77.7%）要高于全员创业者的比例（62.7%）；但只有不到 2%的青年创业者是基于中高技术进行创业的。来源于麦可思研究院的数据显示：在自主创业的岗位分布中，2010 届本科、高职高专毕业生到 2013 年时，从事技术岗位的比例很低；互联网开发师和管理员在本科生中仅仅排名第六位（2.2%）和第十位（1.6%），而这两个技术岗位根本就没能排进高职高专毕业生的前十名。在自主创业的行业分布中，排名本科毕业生和高职高专毕业生第一的分别是中小学教育机构（4.6%）和建筑装修业（4.3%），如图 1-3 和图 1-4 所示。由此可知，大学生的创业领域主要集中在第三产业，而且基本上都是销售、装修等低端服务业，涉及科技服务业、生产性服务业等高端服务业的很少，涉及战略性新兴技术和高技术创业的就更少，根本没有体现出大学生尤其是工科大学生在工程技术领域长期积累的学习优势和专业能力。

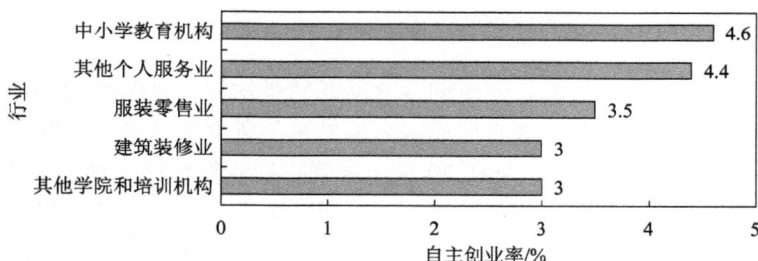

图 1-3　2010 届本科生毕业三年后自主创业人群集中的五个行业

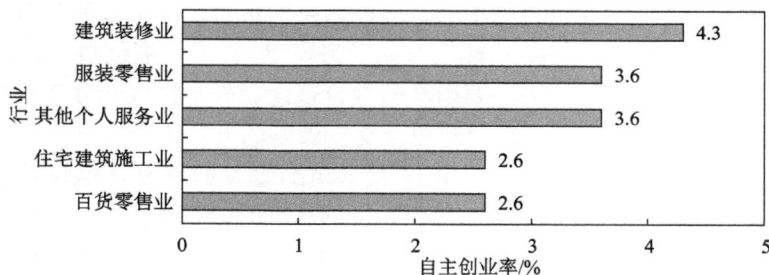

图 1-4　2010 届高职高专生毕业三年后自主创业人群集中的五个行业

（4）创业者的能力结构失衡。因为创业是一项综合性、实践性和不确定性都很强的高风险活动，所以创业能力对于大学生将创业意向有效地转化为创业行动进而取得后续的创业成功至关重要。令人担忧的是，在我国大学生的创业活动中，与缺少项目、资金、创意、思路等相比，现阶段大学生更普遍缺乏的是在创业机会面前撬动资源、整合资源的创业实践能力。即使是大学生群体中那些积极投身于"挑战杯"等各类（科技）创业竞赛，已经具有一定创业知识及能力储备的精英人才，其中真正将创业计划或方案付诸实践的比例也很小。这里面固然有创业赛事在竞技内容上存在着"重技术、轻市场""重模拟、轻实战""重宣传、轻转化"等创业者外部因素的某些干扰，但不可否认的是，与创业知识相比，现阶段我国大学生不具备的创业实践能力已成为制约其在真实的经营环境中执行创业方案的一个关键短板。在这方面，我国的大学生与欧美发达国家或地区的差距甚大，以麻省理工学院（Massachusetts Institute of Technology，MIT）十万美金创业大赛（$100K entrepreneurship competition）为例，该赛事每年都会诞生 5～6 家企业，截至 2006 年该赛事已产生 105 家企业，并有 22.8% 的企业成功上市或被收购，23.8% 的企业仍在运作[6]。

1.2　创业背景下高等工程教育改革紧迫性的要求

1.2.1　创业教育的兴起与空壳化的危险

经济基础决定上层建筑。创新创业活动既然是知识经济时代的必然产物，那么与之密切相关的创业教育就必然成为高等教育的重要组成部分。联合国教科文组织正是基于这一深刻认识，早在 20 世纪末就将创业教育提升到与学术教育、职业教育同等重要的新高度，并在发布的《高等教育：展望与行动世界宣言》中赋予了其神圣地位和庄严使命。2011 年的《世界经济论坛报告》更是根据新的环境变化，强调指出："已经到了对旧的教育体系进行重新思考和定位、开启教育新纪元的时候了。要将创业教育处于教育运作体系的中心，各阶段的教育机构都需要采用 21 世纪的方法和工具，构建适合的学习环境，促进发展创造力、革新能力、跳出思维定势解决问题的能力。要用新的教育理念、教学模式和教学框架，将创业能力培养和创新教育融入到跨学科以及交互教学的方法中。"[7]

为此，在世界性的新一轮重大产业技术革命爆发的前夕，尽管发达国家和发展中家开展创业教育的时间长短不一、取得的成效高低有别，但对"加强高校创新创业教育、鼓励大学生自主创新创业"的重要性和必要性却达成了普遍的共识。中国高校的创业教育工作自 1998 年在清华大学启动以来，历经高校自发探索、教育管理部门引导试点，目前正在进入全面推进的历史新时期，全国范围内不同层次、不同类型、不同规模的高校都在政府的号召下尝试开展创业教育。时至今日，我国高校的创业教育工作在本土化方面取得了令人瞩目的速度和力度，但也存在着若干一直未能得到很好解决的"顽疾"。虽然创业教育工作不可能"立竿见影"，但毕竟与大学生的创新创业活动紧密相连。因此，创业教育内动力不足、融合度不够、师资严重匮乏及与社会严重脱节等四个核心问题，仍然可以在相当大的程度上解释我国大学生创业率低和创业者结构失衡的原因所在。

1. 创业教育内动力不足

一项以上海 9 所高校为研究对象的实证研究显示：对于提升大学生创业能力，创业教育的影响不显著，社团活动的影响最显著，高校类型和学科专业具有显著差异[8]。而来自北京 89 所高校的一项调研数据则从另一个角度给出了类似的结论。针对"你所在的高校是否提供创业教育"这样一个清晰、简单的题项，答案却显示出较低的知情度。除了明确的回答外，竟然有高达 53.7%的学生认为自己并不清楚[9]。该调研还显示：无论是近期创业意向（毕业后直接选择创业）、远期创业意向（毕业几年后可能会创业），还是创业意向的质量（创业实践或意愿与所学专业相关），随着学校层次的提高，都表现出下降的趋势，而且不同专业存在高低上的差异，如图 1-5 和图 1-6 所示。

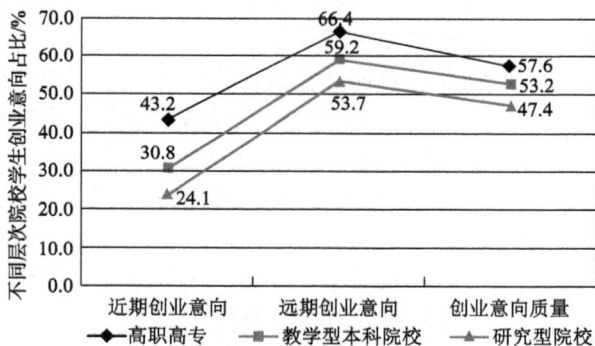

图 1-5　不同层次院校学生创业意向比较

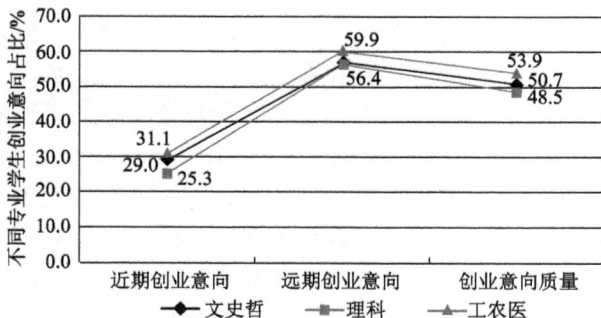

图 1-6　不同专业学生创业意向比较

毋庸讳言，我国政府鼓励创业教育的初衷是期望以创业来缓解日益严峻的就业压力，加之全社会创业环境的不成熟和人们传统观念中对创业教育的认识误区，使得相当一部分高校误以为创业教育就是培养学生当小老板。在这些高校的思想认识中，创业教育的人才培养格调不高、冲击现有教学体系、还要增加学校的额外负担，得不偿失；因此，它们没有开展创业教育的内在驱动力。这种观念的错误之处在于其完全忽视了教育对学生人格及精神的塑造功能。

2. 创业教育融合度不够

在我国当前开展创业教育的高校中，除少数试点院校和依托区域浓厚创业氛围的地方高校外，绝大部分高校的教育形式都非常单一、趋同。这些高校开展创业教育的形式概括起来主要有三种，分别是带有科普性质的创业通识课、就业指导课，带有经验交流性质的创业讲座、讲坛，以及带有模拟性质的创业竞赛、创业训练等。在这种情况下，我国大学生接触到的创业教育更多的是一种高度碎片化的、课外的、业余的活动，创业课程体系和教学资源配置的系统性、深度、广度都远远没有达到培养创新创业型人才的要求。高校这种"外热内冷"的局面使创业教育在一定程度上面临着空壳化的危险。

实际上，我国高校的创业教育还远没有内化为为培养创新创业型人才而调整办学理念和培养规格的自觉行为。创业教育并没有全方位、系统地融入到大学生的培养体系、培养过程和质量监控中，当然也不会更多地体现在专业培养方案、专业课程和专业建设上。创业教育游离于高校主流教育之外，它们之间似乎是一种平行的关系。一项针对某省33所高校的调研佐证了这一结论，数据显示：93.75%的学生认为专业课与创业没有任何关系，接近50%的学生认为创业教育的效果一般，仅有2.18%的学生认为教师很重视创业教育[10]。

3. 创业教育师资严重匮乏

与需要接受创业教育的庞大学生群体相比，我国高校从事创业教育的师资队伍，无论是在数量上还是在质量上都存在着巨大的缺口。从数量上看，目前师资培养的主渠道是各级教育行政管理部门委托各大高校举办的"教师研修班"，以及 KAB（know about business）、SIYB（start and improve your business）两个创业教育国际项目的中国师资培训班。师资的培训速度和数量远远不能满足实际教学的需要。质量方面的问题更多地体现为师资结构的三个先天不足：①由于相当一部分高校的创业教育起源于招生就业部门和学生管理部门，创业师资中有相当比例的教师不是专业教师而是学生工作者，这部分师资虽然教学热情很高，但缺乏相关的经济管理知识，很难承担起基础性的教学工作；②具有工科专业背景的师资非常稀少，仅仅依靠学校自身的力量，短期内很难使专业教师承担起创业教育工作；③受高校当前的招聘制度所限，青年教师可能具有较高的学历和较好的研究能力，但普遍缺少创业经验或企业经营经验，只能以课堂讲授的方式传播创业知识而不是培养能力。

我国创业教育师资与发达国家的差距，为说明这一问题的严重性提供了国际视角，当然也为我国高校提供了努力的方向和目标。以日本高校为例，日本大和总研的调查显示：2008 年以经济、管理专业教师为主的学校占 45.2%，以理工科教师为主的占 37.1%，文理教师共同授课为主的占 53.2%，高校样本数为 186 所[11]。日本实施创业教育的师资构成如图 1-7 所示。

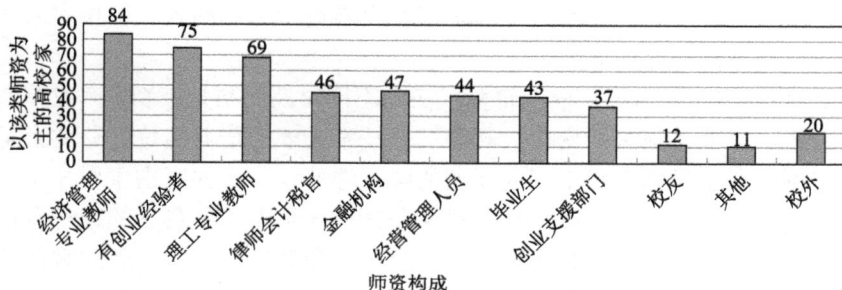

图 1-7　日本实施创业教育的师资构成

4. 创业教育与社会严重脱节

高校创业教育的有效实施是一项涉及"政、产、学、研、中、金"多方交叉融合的系统工程。高校虽然是推进创业教育工作的主体，但离开社会各界的广泛参与和支持势必步履维艰。我国创业教育与社会的脱节主要表现为与创业服务机构的脱节和与产业界的脱节两个方面。

在与创业服务机构脱节方面，我国各地的大学科技园、科技企业孵化器、大学生科技创业实习基地的数量屡创新高，这些机构本应成为高校开展创业教育的重要依托和承接大学生创业者的下游出口，但实际上高校并没有协调好与这些创业服务机构之间的关系，也就没有围绕创业教育形成分工协作的上下游链条。在与产业界脱节方面，高校开展创业教育很少引入企业或社会组织，联合开发集理论性和实践性于一体的创业教育项目。比较而言，产业界在高校创业教育中的角色更多的是为创业竞赛提供资金支持和充当评委，很少出现在学校主流教学的舞台上。这两个方面的脱节非常不利于高校充分整合政府资源、企业资源、金融资源、社会资源和创业服务机构资源，各种资源难以形成合力共同支撑创业教育。

1.2.2　高等工程教育应对创业教育的挑战

1. 世界高等工程教育范式的新变化

范式（paradigm）一词诞生于美国著名科学哲学家托马斯·库恩（Thomas S. Kuhn）在 1962 年出版的《科学革命的结构》(*The Structure of Scientific Revolutions*)

一书。托马斯·库恩在该书中系统构建了科学研究的范式理论并以"范式转换"的视角解释了"科学革命"的本质。托马斯·库恩认为，范式是常规科学赖以运作的理论基础和实践规范，是从事某一科学的研究者群体所共同遵从的世界观和行为方式。牛顿、爱因斯坦等科学巨匠之所以能够取得划时代的科学成就，其原因就在于他们打破了旧范式、建立了新范式。借用这一科学哲学领域的概念，可以认为，高等工程教育范式就是高等工程教育界对于培养高等工程技术人才所共同遵守的认知规范和行为准则。

　　自 20 世纪以来，高等工程教育范式在与不同时期的科技革新、产业革命的交互过程中经历了非常深刻的变化，高等工程技术人才的培养定位在总体上呈现出技术应用型、科学研究型和工程创新型的顺序迭替。三者的区别主要在于：技术应用范式强调工程技术的具体操作；科学研究范式强调工程科学的理论分析；工程创新范式强调工程技术的整体理解、实际应用和开拓创新。三者迭替的原因在于：前两种范式都过分偏重学生单方面的能力，使学生面对工程技术要么是"知其然而不知其所以然"，要么是"抱残守缺""不识时务"。随着以互联互通、先进制造、人工智能等新兴技术为核心的战略性新兴产业的迅速崛起，工程领域越来越需要掌握新技术、拥有跨学科知识的高素质人才以面对未来复杂性问题的挑战；与此相对应，高等工程教育范式也在悄然地发生变化，更加强调科学与技术、技术与非技术之间的有效融合[12]。人才培养的国际化与本土化共进、面向终身学习的阶段性学习、工程底蕴与人文素养的深度融合、基于知识综合集成的创新创业，都已成为当今高等工程教育范式的鲜明特征[13]。

　　创业教育向高等工程教育领域的渗透，是对既有高等工程教育范式最深刻和最尖锐的挑战之一。美国密歇根大学杜德斯达特教授 2008 年组织发表的研究报告《变革世界的工程：工程实践、研究和教育的未来之路》，是美国工程教育改革的顶层设计之一。该报告指出：在全球化、知识经济驱动的经济中，技术创新（知识转化为产品、工艺、服务）对竞争力、生产率的长期提高及财富的创造都起到了非常关键的作用。为了与其他国家为数众多且薪水低廉的杰出工程师进行竞争，美国的工程师必须能够比国外工程师带来更多的附加价值，必须有能力通过自己更广的知识跨度、创新能力、创业热情来面对世界重大挑战[14]。

　　美国的斯坦福大学和麻省理工学院，这两所工科大学在 20 世纪末都已由世界一流的研究型大学成功转型为典型的创业型大学，主要表现为两所学校培养出的毕业生已不再是传统意义的技术应用型工程师，而是能够将该学科最新、最前沿的科技成果向产业界进行辐射和转移的创新创业型人才。考夫曼基金会的报告显示：截至 2006 年，麻省理工学院毕业生在全球创办的企业如果可以看作一个经济体的话，根据销售收入之和，那么它可以名列全球第 11 位。为此，美国著名管理学家亨利·埃兹科维茨认为："将基础研究与教学和产业创新结合在一起的 MIT

模式正在取代哈佛模式成为学术界的榜样。"[15]。更值得一提的是，在新技术革命与产业创新的时代大环境中，连以理科（基础研究）著称的世界级名校也在悄然改变着已有的传统认知、积极应对时代的发展及需求，如美国普林斯顿大学在2005 年成立了隶属于应用科学与工程学院的"工程教育创新中心"，面向全校学生开展科技创新与创业教育。

与上述老牌名校相比，富兰克林·欧林工学院（以下简称欧林工学院）是一所筹建于 1997 年，2002 年才开始招收工学本科生的美国年轻高校，但其发展速度十分惊人，仅用了十几年时间就能够与世界名校比肩，优质生源众星捧月。欧林工学院创建之初就认为：在当今社会急剧发展、技术日益复杂的背景下，未来的毕业生首先应该深入了解世界的复杂性，为此，学校的职责就在于培养学生掌握将来从事工程行业所需的创造性。正是基于这种与时俱进的教育理念，欧林工学院提出了著名的"欧林三角"人才培养框架，即创造性设计=技术可行性+商业可行性+用户可接受性，通过工程教育、创业教育和艺术教育的综合集成来培养未来工程界的领军人物，如图 1-8 所示。"欧林三角"作为人才培养框架旨在说明高等工程技术人才的知识和能力结构可以分解为三个方面：①对工程分析和设计原理的深度理解及有效掌握；②人文社会、艺术学科背景知识的广泛涉猎；③能够促进其设计在工商业变成现实的智慧、活力及奉献精神[16]。

图 1-8　欧林三角示意图

2. 用人单位对工科毕业生的新要求

一般来说，作为毕业生的接收方，用人单位最清楚本行业对工程技术人才培养规格的现实要求，最清楚就业市场的供需双方在知识、能力和素质等方面的落差。因此，从用人单位的视角来看待高等工程教育和创业教育的关系，对于革新工程技术人才的培养模式具有重大意义。

一项以江苏、广东、北京、浙江和陕西为地域范围，以土建交通、机械制造和电子信息为产业边界的统计数据表明：就知识、能力、素质三者而言，企业雇主对工科毕业生的认可度，最低的是能力，满意以上的占 40%；居中的是知识，满意以上的占 49%；最高的是素质，满意以上的占 54%。具体数据如表 1-1 所示。该统计数据同时显示：这些企业雇主对毕业生在终身学习、沟通交流、解决问题、实验能力、工程实践等方面的能力抱有很高的期望，具体数据如图 1-9所示[17]。这种现实的反差表达了一种企业界普遍持有的观点：①工程教育要强力回归实践，工科学生的培养要在理论与实践、知识与能力之间重新达到一种动态平衡；②工程教育应该并重培养学生的技术能力（硬能力）和非技术能力（软能力）。因此，在用人单位看来，毕业生的非技术能力不是"可有可无"，而是"不可或缺"，是能力的重要组成。工科学生除了要具备工程实验、设计、实践等技术能力外，更要加强团队合作、沟通交流、终身学习和工程领导力等非技术能力。

表1-1 企业雇主对工科毕业生总体满意度 单位：%

类别	知识	能力	素质
很满意	4	3	3
满意	45	37	51
一般	43	53	40
不满意	7	5	4
很不满意	2	3	2

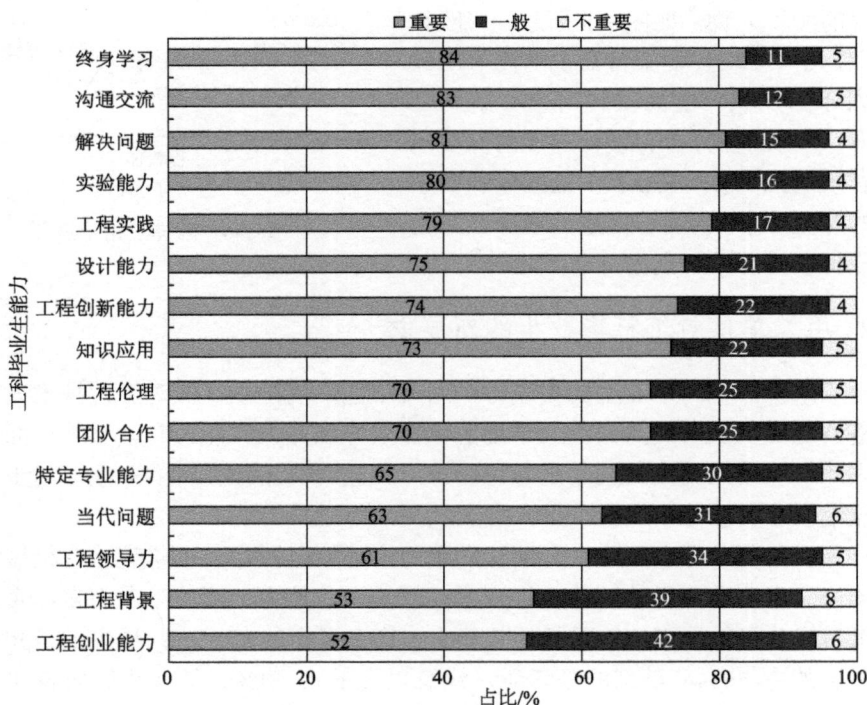

图 1-9 企业雇主对工科毕业生能力的期望

从国际视野来看，美国等发达国家的企业界，已经对工程技术人才的质量提出了很高的要求。以美国波音公司为例，该公司招聘的工程师需要符合 10

项条件[18]。从图 1-10 所示的招聘条件中可以看到，在这 10 项条件中，只有 4 项条件与工程技术本身密切相关；而有 5 项条件与人的终身发展密切相关，如学习、创造、沟通、协作等；还有 1 项是高道德水准。可见，世界知名企业对工程技术人才的要求早已突破了工程技术本身的界限，而是在以更大的尺度来衡量工程技术人员长期的发展潜力，以及他们在创新与创业思维、创造能力等方面的可塑性。

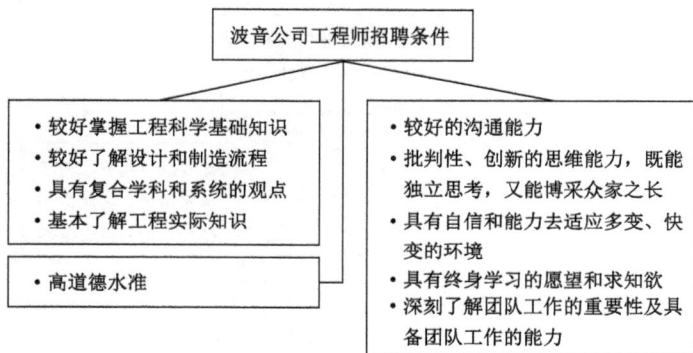

```
                   ┌──────────────────────┐
                   │  波音公司工程师招聘条件  │
                   └──────────────────────┘
   ┌─────────────────────────┐   ┌─────────────────────────────┐
   │ • 较好掌握工程科学基础知识  │   │ • 较好的沟通能力              │
   │ • 较好了解设计和制造流程    │   │ • 批判性、创新的思维能力，既能  │
   │ • 具有复合学科和系统的观点  │   │   独立思考，又能博采众家之长    │
   │ • 基本了解工程实际知识      │   │ • 具有自信和能力去适应多变、快  │
   └─────────────────────────┘   │   变的环境                    │
   ┌─────────────────────────┐   │ • 具有终身学习的愿望和求知欲    │
   │ • 高道德水准              │   │ • 深刻了解团队工作的重要性及具  │
   └─────────────────────────┘   │   备团队工作的能力             │
                                 └─────────────────────────────┘
```

图 1-10　波音公司工程师招聘条件

3. 我国高等工程教育改革的新行动

2005 年，我国的功勋科学家钱学森先生发出了影响深远的"钱学森之问"，感慨"为什么我们的学校总是培养不出杰出的人才"，并将其原因解释为"没有一所大学能够按照培养科学技术发明创造人才的模式去办学，没有自己独特的创新的东西"。无独有偶，随着中国经济总量的快速提升和世界新兴技术革命的风起云涌，近年来社会各界的有识之士一直在探讨"中国为什么没有史蒂夫·乔布斯""中国会不会出现苹果或谷歌"，而每当面对这样的问题，中国的教育总会成为众矢之的。信息科技领域著名的美籍华裔企业家李开复先生就曾在 2010 年夏季达沃斯论坛坦言："下一个苹果或者谷歌更有可能出现在美国，而不是中国或亚洲，因为美国企业家的教育背景，使得他们可以跳出框框去思考。美国在创新方面远远超出其他国家。"

面对高等工程教育所处的新环境和发展的新趋势，我国政府也在努力探索着具有我国特色、高质量的工程技术人才培养途径。在研究层面，教育部、中国工程院、中国科学院分别于 2005 年、2006 年和 2007 年针对高等工程教育改革进行了题为"面向创新型国家的工程教育改革研究""创新型工程科技人才培养研究""科学与工程教育创新"等三个专项研究，从国家、学校、企业等多个层面提出了非常具有针对性的应对策略和实施建议。历时两年完成的"创新型工程科技人才培养研究"指出：新时代创新型工程科技人才的素质结构体现为知识（knowledge）、能力（ability）、创新素质（quality）和创新精神（spirit）四个层面，并以精神层面统领其他三个层面，S-KAQ 模型如图 1-11 所示。中国未来所培养的工程科技人才，除了要延续"学术型"和"应用型"这两种传统的人才类型之外，还迫切需要包括"理论+技术实践+多专业知识交叉型""理论+技术实践+创新设计型""理论+技术实践+创业与市场能力型"这三种崭新的人才类型[19]。

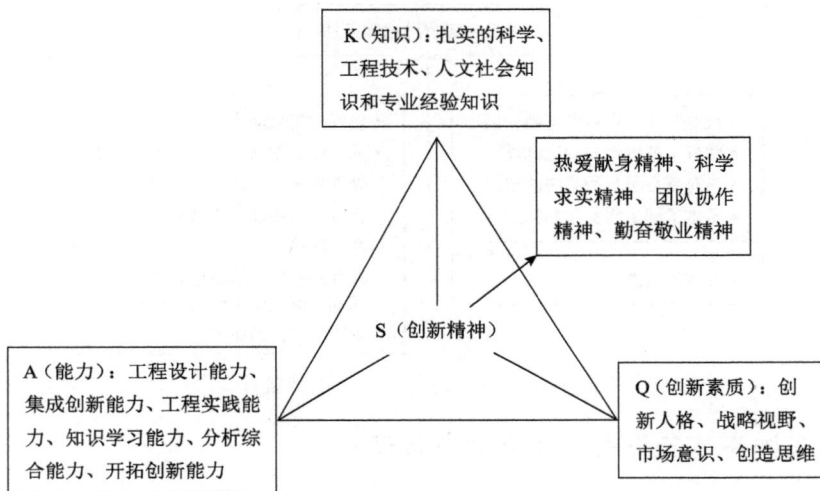

图 1-11　创新型工程科技人才的 S-KAQ 模型

　　在实践层面，教育部为落实上述机构的研究成果、对策建议，在 2007 年的"人才培养模式创新实验区"计划中专门设立了"工程教育改革集成项目"，集中资助了清华大学、天津大学、大连理工大学、哈尔滨工业大学、同济大学、上海交通大学、东南大学、浙江大学、华中科技大学、西安交通大学等 10 所高校的 80 个工程专业。2010 年，教育部开始在全国范围内推进实施"卓越工程师教育培养计划"（以下简称"卓越计划"）。该计划的目的是通过造就出一大批创新能力强、适应经济社会发展需要的高质量、各类型的工程技术人才，促使我国由工程教育大国迈向工程教育强国。在国际层面，国际工程联盟于 2013 年接纳中国加入世界上最具影响力的本科工程学位互认协议——华盛顿协议（Washington Accord），中国由此成为该组织第 21 个成员。我国的本科工程教育质量在受到国际同行肯定的同时，高等工程技术人才的培养规格也面临着专业认证的挑战。

　　综上所述，随着全球经济、科技环境迅猛而剧烈地变化，以及我国创新型国家建设的深入实施，当前传统的高等工程教育模式已经无法培养出适应新时代、新形势、新环境发展需求的复合型创新创业工程技术人才；长此以往，必将严重制约我国以创新驱动为核心的经济发展模式。有鉴于此，工科大学应面向未来重塑系统、协调、有效、可持续的创业教育模式，在当前的工程技术人才培养体系中融入前沿的创新创业教育理念及方法体系，使学生在上学期间就学会适应未来复杂多变的环境。这种模式再造无论是在微观上，对于提升学校的工程技术人才培养质量，为当前高校深入实施创新创业教育提供操作性的理论框架及方法工具支持；还是在宏观上，对于支撑政府管理部门制定和完善有关创新创业教育及大学生自主创业方面的法规政策、指导意见与实施办法，为高校实施创新创业教育提供必要的制度性保障，都具有极为重要的理论意义和实践应用价值。

第2章 工科大学创业教育系统分析与模式比较

2.1 创业与高校创业教育

2.1.1 创业的内涵与外延

1. 语境视角的创业

由于中西方文化体系及价值观念的不同，中文和英文对创业的理解存在较大的语境差异。在中文里，创业的本义是创建功业。如《孟子·梁惠王下》一文中的"君子创业垂统，为可继也"就是说"要创建功业，传给后代子孙"。当代权威辞书《现代汉语词典》将创业解释为创办事业。可见，今人与古人对创业的解释并无根本性的差异。而在英文中，与创业相对应的词汇主要有 entrepreneurship，venture 和 startup等几个。其中，entrepreneurship 直译为企业家精神，强调的是创业者所要具备的素质和能力；venture 直译为风险，强调的是创办企业的不确定性；startup 直译为启动，强调的是创办企业的阶段性。可见，中文对创业的释义在某种程度上更加注重结果，而英文对创业的释义则比较重视过程。这可能与中国属于农耕文明、长时间封闭、较为稳定，而西方国家属于海洋文明、长时间扩张、不确定性大的历史文化环境有关。

从创业一词的使用范围来看，中文的外延最为宽广，只要是具有开拓意义的变革活动都可以归列为创业的范畴。创业的"业"不仅仅指的是企业，更不局限于商业领域，而是随着"建功立业"拓展到事业、学业、家业等各个领域。遗憾的是，中文语境对创业内涵极为丰富的外延，并不具有方法论意义上的可移植性，更多地体现为认识论。在英文中，创业早期的、狭义的概念就是"创建企业"，尽管该词的内涵日后有所拓展，但也基本局限于商业领域的经济活动。与之相对应，创业管理的研究领域也是定位在新企业生存与成长的前期，如图2-1所示。应该说，英文语境对创业的定义，尤其是早期定义，边界非常明确，一直影响至今。

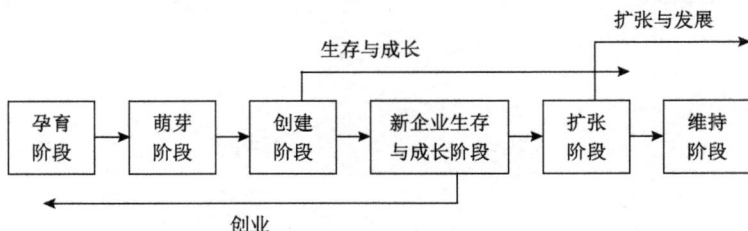

图 2-1 创业活动处于企业生命周期的位置

2. 机会视角的创业

随着第二次世界大战后西方国家众多中小企业的迅速崛起，以及这些企业在经济、社会、就业、技术创新等方面不可忽视的巨大作用，学者们不再局限于创业活动狭义概念的表象，而是更加关注创业活动的规律性并取得了一些重要共识。哈佛大学的史蒂文森（H. Stevenson）教授认为，创业是在不拘泥于当前资源条件的限制下追寻机会，并将不同的资源组合以利用和开发机会并创造价值的活动[20]。创业研究的领军人物 Shane 和 Venkataraman 开创性地构建了以机会为核心的创业研究框架，使创业研究从战略、组织等管理领域中独立出来，成为一个单独的研究领域[21]。创业教育的重要奠基者、美国百森商学院的蒂蒙斯（Jeffry A. Timmons）教授和创业管理领域的重要学者斯皮内利（Stephen Spinelli）教授更是将创业上升为一种人们进行思考、推理和行为的方式，并认为这种方式是由机会驱动的、注重方法与领导之间的平衡[22]。蒂蒙斯教授还构建了由机会、资源和团队三个要素匹配的创业模型，如图 2-2 所示。

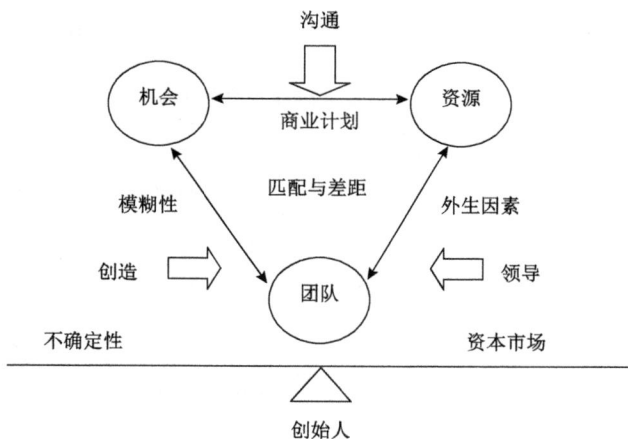

图 2-2　蒂蒙斯创业模型

学者们以"机会的识别、开发和利用"为过程主线的定义摆脱了企业或组织等有形实体对创业活动的束缚，不但深刻地阐释了创业的本质内涵，使创业活动真正区别于一般性的商业活动，而且使创业活动在方法论意义上真正具有了可移植性和普适性，使人们可以应用创业的思维、逻辑、理论、方法、工具、手段去指导更多的社会实践活动，将创业活动真正向外延伸到更为广阔的社会经济领域。

3. 行为逻辑视角的创业

创业活动与众不同的行为逻辑也是其区别于常规活动的一个极其重要的维度。创业活动与人们所熟悉的常规活动相比，由于在初始阶段就受到资金、人员、设备、品牌、渠道等各种资源严重不足的硬性约束，很难以常规的逻辑来指导行动，而是遵循着一种非常独特的"手段→目的"关系。这种关系截然不同于既有企业或人们通常习惯的"目的→手段"关系，是通过撬动资源以应对复杂、动态、多解的生存空间并求得快速发展的行为逻辑。美国弗吉尼亚大学的 Sarasvathy 副教授等对此进行了开拓性的专项研究，其关于两种行为逻辑的比较如表 2-1 所示[23]。Sarasvathy 教授的成果一经推出就立即引起了国际学术界的强烈反响。这不仅是因为该成果从认知层面为创业研究提供了全新的视角，更重要的是，它在相当程度上挑战并改进了以成熟大企业为研究对象所提炼的传统管理思想，促使某些成熟大企业开始逐渐应用创业活动的行为逻辑来克服日益僵化的管理体制，以更好地开拓新市场甚至进行多元化经营。

表 2-1　创业与常规行为逻辑的比较

	既有企业或通常的行为逻辑	创业活动的行为逻辑
对未来的认识	预测：把未来看作过去的延续，可以进行有效的预测	创造：未来是人们主动行动的某种偶然结果，预测是不重要的，人们要做的是如何创造未来
行为的原因	应该：以利益最大化为标准，通过分析决定做什么	能够：做你能够做的，而不是根据预测的结果去做你应该做的
采取行动的出发点	目标：从总目标开始，总目标决定了子目标，子目标决定了要采取哪些行动	手段：从现有的手段开始，设想能够利用这些手段采取什么行动，实现什么目标；这些子目标最终结合起来构成总目标
行动路径的选择	既定承诺：根据对既定目标的承诺来选择行动的路径	偶然性：选择现在的路径是为了使以后能出现更多更好的途径，因此路径可能随时变换
对风险的态度	预期的回报：更关心预期回报的大小，寻求能使利益最大的机会，而不是降低风险	可承受的损失：在可承受的范围内采取行动，不去冒超出自己承受能力的风险
对其他公司的态度	竞争：强调竞争关系，根据需要对顾客和供应商承担有限的责任	伙伴：强调合作，与顾客、供应商甚至潜在的竞争者共同创造未来的市场

4. 创业导向视角的创业

在理论渊源上，创业导向的概念主要衍生于公司创业的范畴。在这一概念出现之前，学者们已经针对组织层面的创业活动提出了一些与之很相似的概念，如"创业型企业""创业姿态""内创业""战略创业""创业方式"等。由于这些类似的概念都来源于战略管理领域，其展现的是企业战略活动与创业活动的融合，主要的理论内涵要么是为识别不同企业的特殊战略风格而将企业划分为从保守型到创业型的连续谱系，要么是为了维持企业的已有竞争优势或开拓新市场而采取的一系列战略措施。

Lumpkin 和 Dess 两位学者 1996 年发表在《管理科学评论》上的论文首次提出了创业导向的概念，并以创新性、风险承担性、超前性、自主性和竞争进取性五个维度对其进行测量，五个维度的内涵如表 2-2 所示[24]。自此以后，创业学术界普遍以创业导向来定义和衡量组织层面的创业活动，并对上述五个测量维度达成了高度共识。创业导向概念的形成既在理论上统一了人们对公司创业的认识，也在实践上对公司创业起到了积极的促进作用；企业可以通过提高创业导向的维度能力使创业活动逐渐内化为组织惯性，从而发展成为创业型组织。此后，Stone，Good 及 Elenurm 等学者又从个人层面对创业导向的概念进行了界定，并提出以创新性、模仿性和共同创造性这三个维度进行测量[25, 26]。

表 2-2　Lumpkin 和 Dess 提出的创业导向概念及维度

维度	定义
创新性	企业参与和支持有可能催生新产品、新服务或新技术流程的新创意、新事物试验及创作过程的倾向
风险承担性	企业将资源投入风险事业，并承担由此产生的高不确定性和高风险的意愿
超前性	通过把握新机会来成为市场引领者而非跟随者的倾向
自主性	比竞争对手更加积极和强烈的资源投入意愿
竞争进取性	企业为了打入新市场或提升其市场地位而直接、密集地向竞争对手发起挑战的倾向

综合来看，无论是从上述哪个视角来看待创业，随着现代市场经济的迅猛发展及创新创业活动的深入实践，人们对创业本质的认知都在不断地深化和发展。当前，学者们眼中的创业活动早已摆脱了创建新企业这样狭隘和表面化的概念，而是向更具有规律性、操作性和拓展性的创业本质范畴进行着深入而细致的探索，并已经取得了一些足以令人深受鼓舞的重要成果。面对以电子信息技术、生物技术、高端制造技术产业化为先导的新工业革命浪潮的迭次冲击，以及全球工作的再分配，创业活动已不单是一种经济活动，而是在很大程度上演变为新经济层面下个人或组织的一种生存及成长方式。创业者的形象正在变得多种多样、不拘一格，他们可以不必拥有传统意义上的企业和雇员，而是为自己打工；他们可以是在大企业里通过承担风险，把想法变为创造利润的商品的直接责任人；他们也可以像诺贝尔和平奖获得者穆罕默德·尤努斯教授那样以社会创业帮助穷人脱贫；他们还可以革新公共政策及管理，以实现公共服务价值的最大化；等等。

2.1.2　大学教育体系中的创业教育

1. 创业教育

创业教育是知识经济时代一种全新的教育理念及人才培养方式。与创业的定义相对应，创业教育也可以分为狭义和广义两种内涵。狭义创业教育的内涵比较简单，主要是围绕如何创办新企业这一主题而展开的一系列有关创业素质、创业能力的教育或培训活动。例如，美国学者卡罗德将创业教育分为关于创业的教育（education about enterprise）、为创业的教育（education for enterprise）、创业中的教育（education through enterprise）。其中，关于创业的教育主要是培养学生开办公司的创业意识；为创业的教育主要是使创业者成为自我雇佣者，鼓励学生创办和经营自己的企业；创业中的教育主要是在创业的过程中，培养学生开办和管理小企业所需的实践技能[27]。三种类型的创业教育虽有区别，但仍都是围绕着新企业的创办进行的划分，因此都属于狭义创业教育的范畴。

广义创业教育的内涵则比较宽泛，涉及更多的是对学生能够终身受益的创业精神和创造力的培养。世界重要组织及学者对此都有深刻的见解。例如，美国考夫曼基金会认为，创业教育是向个体提供把握别人没有注意到的机会所需的知识和技能的过程，是培养学生在别人犹豫不定的问题上具有洞察力和自信心的过程[28]。欧盟理事会认为，由于"首创性和创业精神"是人类终身学习的关键能力之一，所以无论青少年将来从事什么工作，学校的教育任务都是帮助他们变得更加具有创造力和自信[29]。蒂蒙斯教授认为，创业教育应当着眼于为未来几代人设定创业遗传密码，其基本价值取向是造就最具革命性的创业一代[30]。复旦大学的罗志敏、夏人青教授认为，创业教育是在高校中实施的，旨在培养学生现在或未来开拓事业所需素质的一种教育活动。高校创业教育的有效开展，就是要通过培养学生的开拓性素质，使学生从"现实的人"转变为"发展的人"[31]。

创业教育的广义内涵和狭义内涵是相辅相成的。前者是创业教育的价值取向及其所追求的理想目标，而后者则是当前开展创业教育所依托的具体形式和产生的直接成果。如果创业教育没有了价值取向和理想目标，便会沦落为一种简单的、操作性极强的商业技能培训，从而失去了创业教育的真正意义所在；更何况从人才培养的角度出发，培养企业家从来就不是高校的专长。如果创业教育没有了具体形式，就极有可能演变为一种无所不能的"万金油"式的空洞教育，虽然辉煌，但终究只是昙花一现。为此，本书将创业教育界定为一种以全面培养学生的创业意识、创新思维和创造能力为路径的素质教育，其核心是使大学生将创业精神内化为创业人格，关键是使大学生尽快形成面向未来的创新创业能力。

2. 大学教育体系

目前，我国的高等教育主要由通识教育和专业教育两部分组成。其中，通识教育（general education）的历史可谓相当悠久，学者们普遍认为其继承的是古希腊时代自由教育（liberal education）的衣钵。美国学者帕卡德教授对通识教育与大学教育体系的关系的观点比较具有代表性，他也是第一个将两者联系在一起的人。在帕卡德教授看来，通识教育在大学教育体系中的作用，是使学生能够综合、全面地了解知识的总体状况，以便为其后续的专业学习做好准备。也有学者认为，通识教育为学生奠定的主要是日常生活的基础，并起到相当重要的文化传承作用，因为通识教育向学生提供的主要是社会知识、信仰、语言和思维习惯[32]。更有学者指出，应该将通识教育理解为一种"融会贯通的教育"，而不是"样样都行的通才教育"，通识教育的目的在于培养学生从跨学科的开阔视角去思考问题，并能在不同文化和不同专业之间进行沟通与合作[33]。综合学者们的观点，可以认为通识教育是一种与职业教育有别的博雅教育，其宗旨在于使学生在融会贯通多学科知识的基础上，成长为负责任的合格公民。

专业教育（professional education）是对学生进行以某个学科为基础的知识和技能的教育。专业教育的出现是学科知识体系分化和社会分工细化的必然结果，是经济高速发展对专业化、职业化人才的巨大需求在高等教育领域的直接反映。专业教育在当前又可分为学术教育（academic education）和高等职业教育（higher vocational education）两个组成部分，其中，高等职业教育的特点是具有较强的职业性和应用性。应当指出的是，当今世界范围内的大学教育都是围绕专业教育开展的，专业教育在大学教育体系中占据着主导地位。大学生或早或晚、无一例外地都要进行分专业甚至专业方向的集中学习。专业教育对学生在批判性思维、写作、数理推论、工程技术等多个方面进行塑造，最终将学生培养成为掌握该专业领域知识和技能的高级专门人才。现有大学教育体系如图 2-3 所示。

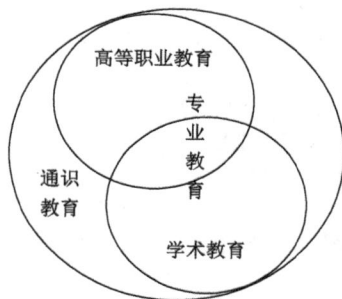

图 2-3　现有大学教育体系

3. 创业教育与大学教育的关系

在通识教育方面，正如考夫曼基金会所指出的那样，创业教育可以成为其理想的载体。它将原来没有关联的学科自然而然地联结在一起，培养学生获得社会组织、文化价值、经济政策、法律实践等影响人类行为方式的知识，从而有效实现"宽口径、厚基础"的本科教学目标。考夫曼基金会特意提到了美国创业所依赖的重要法律概念"知识产权"，其内涵是可以拥有并且只能为拥有者使用。顺着这个法律概念向上能够自然而然地推论出"自我"的观念，即发自内心并属于自己个人的想法。因此，创业教育可以帮助学生认识美国现实社会这部"机器"中的各个"零件"，如政治、法律、文化和经济，如何进行相互作用的机械运动，从而帮助学生形成公民意识[34]。

鉴于专业教育在大学教育体系中的支配性地位，创业教育要想有所作为，就不能仅仅以通识教育的面貌出现，而是要渗透、融合甚至改造专业教育，让专业教育"旧貌换新颜""旧瓶装新酒"。这主要是由于以下两个方面的原因。一方面，专业教育是创业教育的源泉。创业教育的直接成果是创新创业型人才及科技型企业，而创新创业型人才用于创办科技型企业的"核心技术"一定是专业方面的学术教育与工程教育相结合的产物。硅谷高科技企业的开山鼻祖惠普（HP）公司就是建立在两位创始人的毕业设计——音频振荡器的商品化基础上；而谷歌（Google）的核心技术则是两位创始人的应用数学理论成果——数值分析中子算式。另一方面，创业教育可以成为专业教育适应知识经济时代发展要求，加快科技创意产品化、科技产品商业化的大马力推进器。考夫曼基金会认为，在创业型经济中，除非创新通道发生了充满商业化的创新和相应激励，否则创新性的创业是不可能出现的[35]。与专业教育相融合的创业教育的优势，就是可以鼓励和帮助学生"学以致用"，成为各个领域的创新创业型人才；培养学生"用以致富"，将各种新奇、大胆的技术创意、设想落实为具体可行的行动方案，转化为可以创造经济价值的行为过程。

综上所述，图 2-4 描绘了创业教育、通识教育和专业教育的关系。这种关系从集合的视角来看，可以表述为：在大学教育体系中，创业教育既是通识教育的子集，更是与专业教育相互融合的交集。

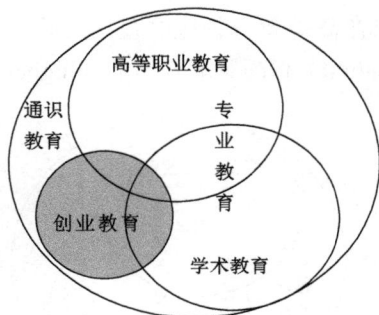

图 2-4　创业教育与大学教育体系的关系

2.2　高校创业教育模式综述

根据《现代汉语词典》的释义，"模式"的通用概念是某种事物的标准形式或使人可以照着做的标准样式。而作为软科学范畴的概念，"模式"是指在一定的思想指导下建立起来的由若干要素构成的，具有形态构造和实践指导功能，以及可仿效性特征的某种活动的理论模型与操作式样[36]。按照上述解释，高校创业教育模式就是高校可以模仿、参照、借鉴的创新创业型人才培养模型或样式。

2.2.1　系统视角的创业教育模式

从系统视角出发，创业教育模式应该是在一定的教育理念指导下，按照创新创业型人才的培养目标，由教育主体、客体、制度等各种要素有机结合、相互作用的一个教育体系。例如，Fayolle 和 Gailly 从本体论（认识）和教育（操作）两个层面构建的创业教育模式就是这样的一个系统，具体如图 2-5 所示[37]。该模式的本体论层面是围绕着三个创业教育理念而展开的，即创业教育的含义是什么？

在创业的背景下，教育的含义是什么？教育者、被教育者及参与者各自的角色是什么？进而从教育层面又提出五个与本体论相互支撑的实际问题，即围绕教育目标（为什么？），提出目标受众（为谁？）、内容（教什么？）、方式（怎么教？）、评估（结果如何？）。该模式的特色是站在系统视角，以提问的形式促使创业教育者对如何开展创业教育进行深入的、框架式的思考。如果创业教育者能够很好地回答并解决这些问题，那么创业教育必然行之有效。

国内学者尹琦等提出的创业教育体系，也是一种建立在系统视角上的创业教育模式，如图 2-6 所示[38]。该模式自上而下地由创业教育宗旨、教学理念、培养目标、教学内容、教学方法、培养过程、教学组织等七个部分组成。其中，前两部分属于宏观指导，后五个部分属于微观操作，模式框架相当完整、全面。

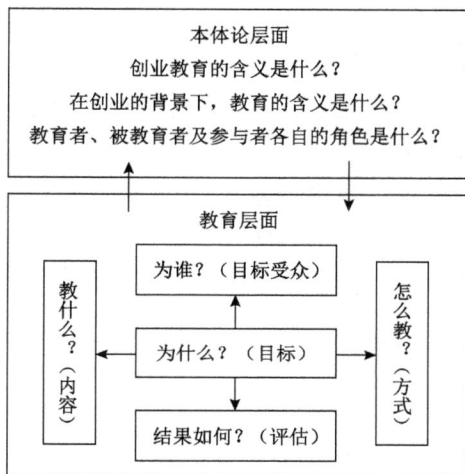

图 2-5 Fayolle 和 Gailly 构建的创业教育模式

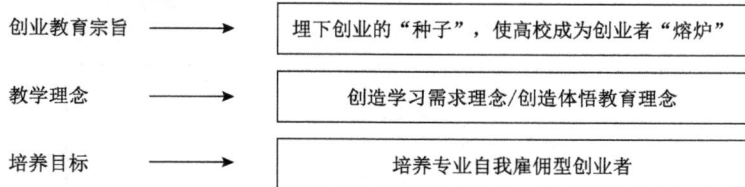

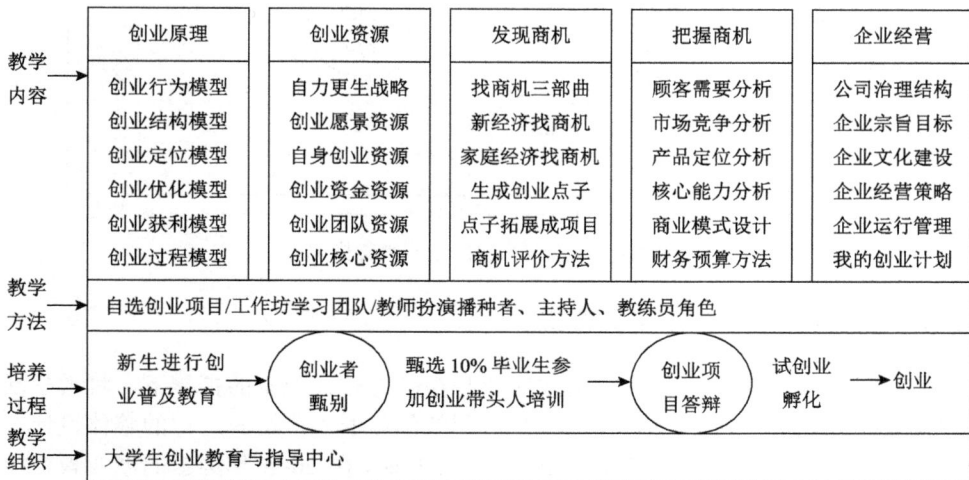

图 2-6 尹琦等构建的创业教育模式

2.2.2 结构视角的创业教育模式

从结构视角出发，创业教育模式应该是一种与创新创业型人才培养密切相关的若干要素以模块化的形式加以组合的结果。例如，厦门大学的木志荣教授所构建的创业教育模式就以强调结构为特色，如图 2-7 所示[39]。该模式结合中国实际情况，在结构上由"学校-社会"的横向维度、"理论-实践"的纵向维度划分为四个组合部分，并以创业课程、创业竞赛、创业者联盟、创业研究及创业论坛等五个模块对这四个组合部分及连接处进行了填充。从该模式结构中可以看出，五个模块的承担者各有分工，创业研究和创业课程主要由学校来完成，而创业竞赛、创业者联盟、创业论坛则更多地需要社会资源来完成。该模式的特色是从结构论视角，以有针对性的策略形式为推进实施创业教育提供指导。

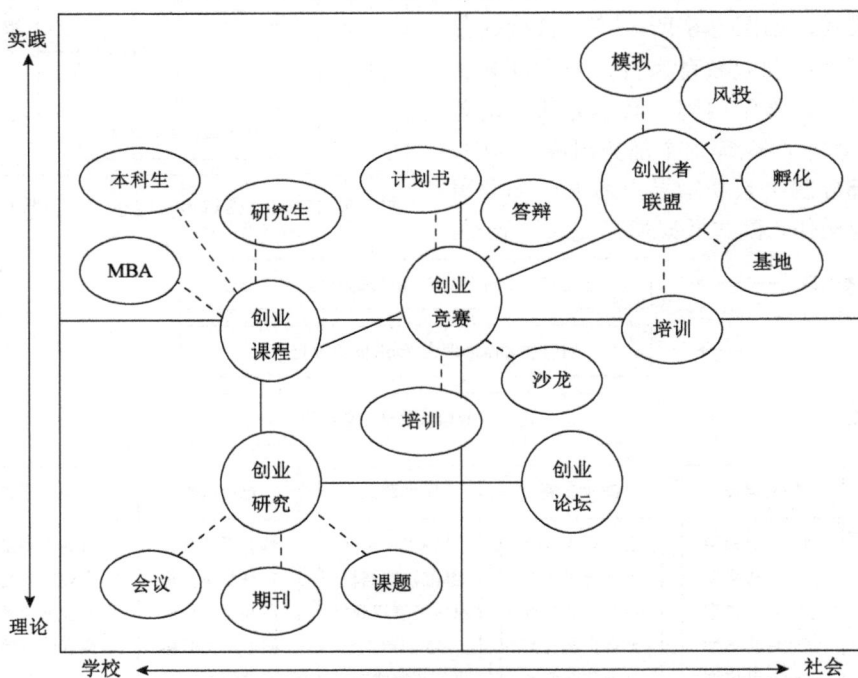

图 2-7 木志荣构建的创业教育模式

2.2.3 过程视角的创业教育模式

从过程视角出发，创业教育模式应该是在一定教育理论的指导下，将教学活动诸要素联结起来实施的一种程序，是对创新创业型人才培养过程的整体设计。例如，爱尔兰利莫瑞克大学的 Richardson 和 Hynes 在 2008 年构建的创业教育模型具有这方面的典型特征。该模型由输入、过程和输出三个部分构成。其中，输入部分指的是学生的个体特征；过程部分指的是根据学生的不同需要与特点，进行创业教育内容和方法的定制；输出部分指的是学生所应具备的能力与品质。该模型的与众不同之处在于：在输入部分包含了性别，突出了男女创业的差异；在过程部分，教育内容聚焦于信息和通信技术（information and communication technology，ITC）专业，更加具体和更具可操作性；在输出部分，除了知识和职业两个多少带有功利性的外在效应，还包含了人格、自信和自我效能感三个心理方面的内在效应。具体如表 2-3 所示[40]。

表 2-3　Richardson 和 Hynes 构建的创业教育模型

输入	过程		输出
学生	教育内容聚焦	教育方法聚焦	能力和品质
先前基础知识 动机/态度 人格特质 需要/兴趣 独立性水平 态度 父母影响 自我尊重 价值观（工作和个人） 工作经历 性别	（1）ITC（科学、数学、项目、ITC 设计、发展过程） （2）创业内容（创业、创新、新产品开发） （3）商业内容（市场、会计金融、人力资源） （4）法律方面（知识产权法、雇佣法、保险法） （5）胜任力/软技能发展 （6）人际技能（沟通、展示、写作）	（1）说教（阅读、讲课） （2）技能构建（案例研究、群体讨论、展示、问题解决、仿真、团队工作、项目） （3）发现（头脑风暴、个人目标设定、职业规划、咨询）	（1）人格（自信沟通） （2）知识（企业、原创、自我雇佣、管理和市场技能、分析、问题解决、决策、沟通、展示、冒险） （3）自信 （4）更强的自我效能感 （5）职业（增加的知识、更广的职业选择、更广的少结构化的职业前景）

国内学者张昊民、马君借鉴 Richardson 和 Hynes 的创业教育过程模型，结合中国国情，构建了创业教育的内化过程模型[41]。该模型也是由输入、过程和输出三部分组成。其中，输入部分包括创业态度、创业倾向、创业动机、人格特征、自我效能感、在校经历、家庭影响、性别差异，这些输入变量通过学生的"认知-情感个性系统"（cognitive-affective personality system，CAPS）影响学生对创业教育的认知和接受；内化过程部分又分为内容和方式两个部分，前者指的是专业、商业、创业、法律等知识和创业软技能，后者指的是课堂理论教学、技能构建教学（案例研究、嘉宾演讲、团队或小组工作、情境模拟教学）和实践教学（创业计划竞赛、企业导师、小企业咨询与实践、微型创业项目）等方法；输出包括创业知识、创业能力（运营管理能力、机会能力）和创业品质（自信、风险承受、自我管理、成就导向、主动精神）。

2.2.4　本书构建的创业教育模式原型

综合国内外的相关研究成果及代表性观点，本书秉承系统观的思想，认为创业教育模式是一个具有开放性、多样性、可仿效性等特征的系统。该系统在构成上包括创业教育理念、创业教育培养目标、创业教育主体、创业教育客体、创业教育途径及创业教育制度等六大要素，这些要素之间相互依存、相互作用、交叉反馈，共同构成一个有机的整体，如图 2-8 所示。

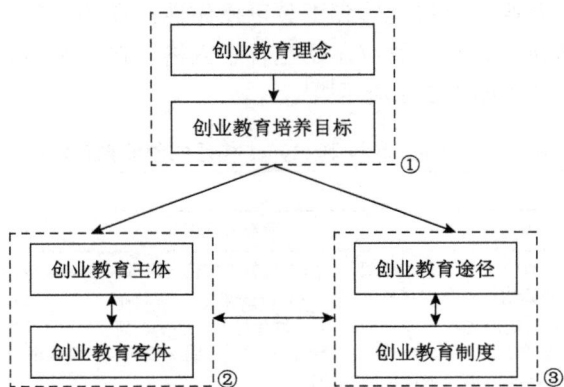

图 2-8　高校创业教育模式原型

就上述六个构成要素的内涵来说，创业教育理念是模式原型中最顶层的指导思想，决定着人才培养的价值取向。创业教育培养目标决定着人才的培养定位和培养规格，也就是培养出的毕业生要具备哪些知识、能力和素质。创业教育主体指的是创业教育设计者、组织者和实施者，分别对应着学校、院系和教师三个层次。创业教育客体指的是创业教育主体通过培养过程、培养活动所影响的受教育者，即具有不同创业背景及需求的大学生群体。创业教育途径是指教育主体为实现培养目标，而对教育客体所采用的教育载体及方法，这些载体可以是课堂教学、课外活动、社会实践等。创业教育制度是指与人才培养过程紧密相关的、保障性的规定及程序。

从图 2-8 可以看出，创业教育模式原型的六个构成要素两两组合，可以形成三个单元。其中，单元①是该系统最重要的支撑，只有明确了理念及目标才能坚持正确的创业教育方向，才有可能使创业教育资源的配置实现帕累托效应；单元②是实现单元①的利益相关者，创业教育的主客体自始至终都会相伴而生地贯穿于创业教育的全过程；在单元①和②都非常明确的条件下，创业教育模式就具体表现为单元③，创业教育途径和创业教育制度成为模式原型所附属的两个独立子模式。

2.3　工科大学创业教育模式的国际比较

2.3.1　创业教育的国际演进与现状

博览世界各国的创业教育史，毫无疑问，美国的创业教育最为悠久，也最为

成功。但在美国迄今约 70 年的创业教育史中，其影响力却是大相径庭的。早在
1947 年哈佛商学院就开设了"新创企业管理"这样的创业课程，但创业教育在 20
世纪 50～60 年代都是比较沉寂的，并没有对高等教育产生什么巨大的影响，社会
各界对创业教育也比较陌生。到了 20 世纪 70 年代创业教育才开始真正兴起，逐
渐爆发出巨大的冲击力，造成这种现象的深刻原因主要有两个。第一个是 20 世纪
70 年代爆发的世界石油危机给美国造成了经济衰退、大企业倒闭和青年失业等一
系列棘手问题，打破了 20 世纪 50～60 年代大企业一统天下的格局，中小企业顺
势成为新增就业机会最重要的提供者。人们不得不将注意力从大企业转向中小企
业，创业教育在这种大的历史背景下具有了相当程度的、潜在的社会需求。第二
个是以信息业为先声的第三次浪潮，这使得以比尔·盖茨、史蒂夫·乔布斯等为
代表的青年创业英雄能够站在世界产业结构急剧变革的前沿成为新生代偶像，他
们创办的科技企业在技术和资本的双重推动下迅速成长、壮大、上市，短时间内
就成为跨国集团。苹果（1976 年创建）、微软（1975 年创建）等企业极富传奇色
彩的创业经历，极大地催生了高校开展创业教育的念头并促使其大踏步前进[42]。

美国创业教育所取得的成就主要体现在以下三个方面。①在总体数量方面，
2005 年就有超过 75%的大学开设了创业课程，并有相当比例的大学设置了"创业
管理"专业（学科）或方向，成立了创业教育中心、研究会。②在全民教育方面，
美国创业教育者联盟制定"全国创业教育内容标准"，该标准覆盖了大学、中学
和小学教育三个阶段。高校创业教育仅是美国连续性、社会性终身创业教育谱系
中的一个片段，该谱系纵向可以延伸到小学、中学教育，横向可以拓展到成人和
社区教育。③在社会氛围方面，有"全球创业观察""全美高校创业教育调查"
"高校创业教育年度报告"等项目定期评估创业教育状况；有 20 多种关于创业或
小企业管理的学术期刊和更多的管理学期刊或其他主流期刊来支撑创业方面的科
学研究与交流；有《福布斯》等杂志定期对最具有创业精神的大学进行排名，2014
年排在前 5 位的是斯坦福大学、麻省理工学院、加利福尼亚大学伯克利分校、康
奈尔大学、加利福尼亚大学洛杉矶分校。

在欧洲，欧盟各国从 20 世纪 70 年代末开始纷纷向美国学习，陆续开展具有
本国特色的创业教育。其中，英国高校的创业教育较为成熟。据 2007 年"英格兰
高等教育创业调查"的统计，该国有 11%的大学生参与了创业教育，高校在课内、
课外开展创业教育活动的比例为 36%、64%。高校中商学院（管理学院）、工学
院、艺术和设计学院、理学院提供创业课程的比例分别占总量的 61%、9%、8%
和 4%[43]。法国开展高校创业教育的时间相对较晚，起步于 20 世纪 90 年代，国
家层面推进创业教育的几项重要措施包括：设立"年度全国创新技术性企业规划
设计比赛"；成立旨在为高校师生的创业活动提供必要服务及资源的实践观察站；
最为重要的是，议会在 2008 年通过了"大学自治与责任法"，要求大学对学生进

行职业导向和入职教育、发展创新教育、促进科研成果转化为生产力[44]。

欧盟委员会更是多次不遗余力地发布对各成员国开展创业教育的纲领性文件。这些文件都始终坚持在全欧盟范围内培育大学生的创业精神，对于欧盟未来具有重要战略意义。例如，欧盟在 2013 年发布的"2020 创业行动计划"，就强调了教育和培训工作对创业活动的重要推动作用，高度重视在校园内提倡创业精神，希望通过这些行动计划造就大量以振兴欧洲经济为己任的新一代创业者。为从各个成员国层面强力推动创业教育，欧盟委员会在 2000~2011 年的普通高等教育中启动了一项国家创业教育战略规划，各个国家（地区）的启动时间如图 2-9 所示[45]。

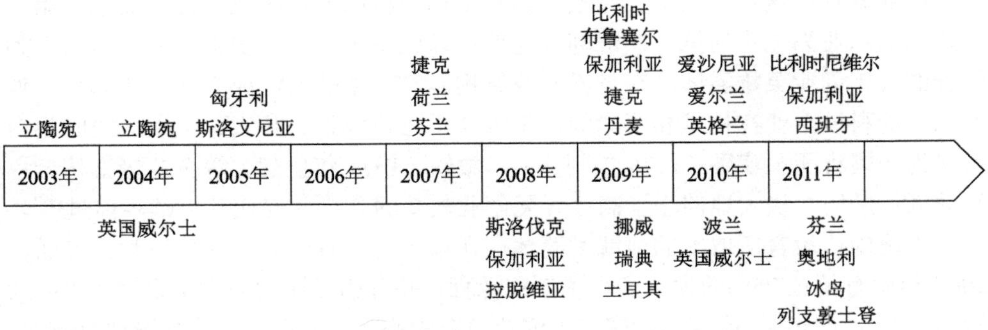

						比利时布鲁塞尔			
				捷克		保加利亚	爱沙尼亚	比利时尼维尔	
		匈牙利		荷兰		捷克	爱尔兰	保加利亚	
立陶宛	立陶宛	斯洛文尼亚		芬兰		丹麦	英格兰	西班牙	
2003年	2004年	2005年	2006年	2007年	2008年	2009年	2010年	2011年	
英国威尔士					斯洛伐克	挪威	波兰	芬兰	
					保加利亚	瑞典	英国威尔士	奥地利	
					拉脱维亚	土耳其		冰岛	
								列支敦士登	

图 2-9　欧盟国家（地区）启动国家创业教育战略规划时间表（2003~2011 年）

在亚洲，日本高校的创业教育起步于 20 世纪 80 年代，历经初创、发展和成形三个阶段，现已具备了相当程度的教育规模并在亚洲处于领先地位。日本经济产业省 2008 年发布的《日本高校创业教育调查报告》显示，该国有 46.1 % 的高校开展了创业教育；11.0% 的高校设置了创业方向的专业。日本在推进高校创业教育的过程中，逐渐形成了两个极具本国特色的导向，非常值得借鉴。一是创业教育主体表现为本科院校、研究生院校和创业计划竞赛的"三驾马车"；二是创业教育机制表现为政府、创业援助组织、高校的"三位一体"的协同推进，通过充分调动、整合社会各界的资源及力量来发展创业教育[46]。

韩国高校从 1987 年启动创业教育。韩国政府的总体推进思路是：先布局试点，再逐渐迈向高层次和专业化。而且，韩国政府特别强调高校创业教育要对全国五大区域的均衡发展及国家竞争力的整体提升做出应有的贡献。在这种推行理念的指导下，韩国政府在 2004 年从全国五大区域中各选取一所高校创建创业研究生院，并由中小企业厅具体负责开发旨在引导、规范创业研究生院的课程设计范本，以此为切入点结合区域高校试点逐渐将创业教育推向全国范围[47]。

印度作为发展中的新兴大国和创业活动较为活跃的国家，目前全国已有 100 多所高校陆续开设了相关课程，在创业教育领域积累了丰富的经验，取得了不小的成就。印度高校针对不同的教育对象形成了长期与短期兼顾、全日制与非全日制并行的多层次、多模式的创业教育体系，在亚洲国家中非常具有特色。但印度传统宗教文化的束缚及经济发展水平的制约，也对更加广泛、深入地开展创业教育、孕育形成创业型大学产生了诸多不利的影响[48]。

综上所述，全球创业教育的形势可谓方兴未艾、此起彼伏。但在总体上，无论是办学规模还是质量，目前都是美国好于欧盟国家，欧盟国家好于亚洲国家。从历史角度看，这实际上也是一条创业教育的国际转移路径。图 2-10 显示的是1945～2010 年发表创业教育论文数量（SCI、SSCI[①]）前 20 位的国家或地区[49]。虽然创业教育论文并不能直接等同于创业教育，但高水平论文数量的区域分布仍然可以从一个侧面间接地反映出世界各国开展创业教育的转移路径和资源投入。

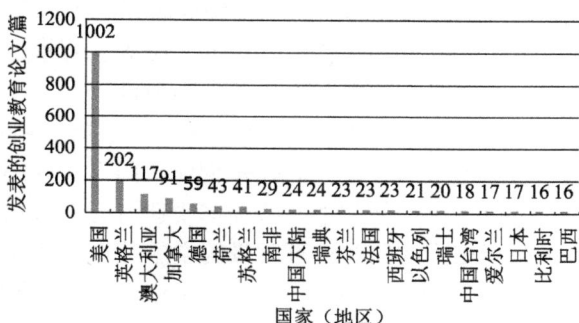

图 2-10　创业教育论文的国家（地区）分布（1945～2010 年）

为了更好地借鉴发达国家工科大学开展创业教育的成功经验，本书分别在美国、英国和日本选取斯坦福大学、剑桥大学和东京工业大学作为典型代表进行全面、系统的案例比较分析。选取上述三所大学的主要依据是：①从学校排名来看，它们都是世界一流的工科大学，久负盛名，在英国《泰晤士报高等教育》公布的2010 年技术专业全球大学排名中分别位于第 2 名、第 4 名和第 23 名；②三所大学分别位于创业教育最发达的美国、比较成熟的英国和迅速崛起的日本，可以比较全面地反映当今世界工科大学开展创业教育的趋势和特点；③无论是从创新创业型人才培养的视角来看，还是从对区域经济发展贡献的视角来看，三所大学的创业教育模式都具有非常鲜明的特色，完全可以作为典型代表。

2.3.2　美国斯坦福大学创业教育模式

斯坦福大学是世界著名的工科研究型大学和享誉世界的创业型大学，因孕育了美国乃至世界上最重要的电子工业基地和技术创业圣地"硅谷"而闻名于世。

---

① SCI：science citation index，科学引文索引。SSCI：social science citation index，社会科学引文索引。

多年来，斯坦福大学毕业生创办了 HP、Google、雅虎（Yahoo）等众多世界级高科技企业，毕业生收入稳居美国高校毕业生之首，使其创业教育模式成为人们关注的焦点和世界各国工科大学竞相模仿的对象。斯坦福大学创业教育模式成功的核心要素，归纳起来主要有以下六点。

（1）专门负责的组织机构。斯坦福大学的创业教育组织机构主要有工学院科技创业计划组织（Stanford Technology Venture Program，STVP）和商学院创业研究中心（Center for Entrepreneurial Studies，CES）。STVP 和 CES 都配有专职教师负责对其内部的创业教育资源进行统一配置，为学生提供系统的创业课程，支持学生开展创业活动，与硅谷企业、创业投资机构、创业培训机构、创业协会等建立广泛的网络联系；并组织教师和学生进行创业研究。尽管 STVP 和 CES 分别开展各自的创业教育，但两者在知识传授、技能训练等教育资源上天然地优势互补，促使其互通合作、共同组织了多个成功的合作项目。

（2）系统完整的课程结构。目前，STVP 为满足工学院不同层次学生的需求，依次为本科生、硕士生和博士生开设"高技术创业入门"等介绍性课程、"技术创业"等探讨性课程，以及"创新与战略改变博士研讨会"等研讨性课程，并为斯坦福优秀的本科生和有过正式创业教育背景的学生开设为期 9 个月的 MFP（the Mayfield fellows program）创业培训项目[50,51]。CES 则主要面向工商管理硕士（master of business administration，MBA）开设"创业机会评估""创业和创业投资"，以及"销售组织的建立与管理""信息产业的战略与行动"等专业特色突出的课程。此外，STVP 和 CES 指导的俱乐部活动、斯坦福学生自行组织的创业者年度大会、创业计划大赛等课外活动都已发展成为课内教育的必要补充和延伸。斯坦福大学创业教育课程体系如图 2-11 所示。

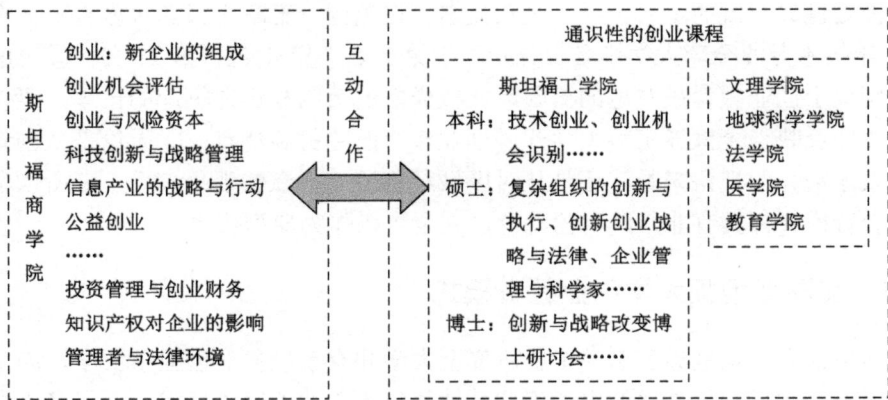

图 2-11　斯坦福大学创业教育课程体系

（3）开放互动的教学方式。斯坦福大学在充分利用学校师资的基础上，吸引了大量的企业家、创业投资家等产业界人士参与教学活动，促使理论教学与实践教学紧密结合。例如，STVP 开设的"技术创业"课由 3 名富有创业和企业管理经验的客座教师共同任教，邀请资深人士为学生团队开发的商业计划提供具体指导。STVP 在课程设计上积极鼓励工学院学生与商学院 MBA 共同组建团队，进行市场调研，激发产品创意，并在实验室设计、开发这些准备推向市场的产品，从而极大地增加了学生的创业知识，提高了学生的创业技能[50,52]。

（4）坚强有力的科研支撑。斯坦福大学世界领先的创业机理研究及战略管理等传统管理领域向创业管理领域的高度渗透，有力地支持了创业教育的深入开展。例如，STVP 的教职工、博士生、访问学者和创业投资家通过致力于高科技创业的前沿性应用研究，提升了对科技型新企业创建、生存和成长的规律性认识，实现了创业理论与新企业实际面临挑战的有机联系。CES 的教授通过对英特尔（Intel）等典型案例的长期跟踪研究，提出了重要的理论分析框架。

（5）持续稳定的资金投入。创业教育与生俱来的实践性和知识集成性使其比传统教育需要更多的资金投入。成功校友的捐助是斯坦福创业教育基金的主要渠道。HP、Yahoo 等高科技公司都是在斯坦福强烈弥漫的创业氛围中诞生的，硅谷50%以上的产品来自斯坦福校友开办的公司。大批硅谷精英不时为母校注入大量资金，如 1977 年 HP 公司的两位创始人为母校捐助了 920 万美元；1991 年斯坦福百年校庆募捐资金更是高达 126 亿美元。

（6）鼓励创业的扶持政策。斯坦福大学为本校师生提供了非常宽松的创业环境。例如，允许教师和研究人员每周 1 天到公司兼职，可脱离岗位 1～2 年到硅谷创业或兼职；学校技术许可办公室（Office of Technology Licensing，OTL）规定具有学校产权的科技成果在转移和创办企业中形成的利益，在扣除 10%的管理费后，按学校、学院和课题组"三三制"进行权益分配；此外，学校设有研究激励基金、鸟饵基金和缺口基金为处于不同创业阶段的创业者提供孵化资金支持，等等。

2.3.3　英国剑桥大学创业教育模式

受美国启发，英国政府努力激发本国大学的创业教育和科技创业活动。具有800 年学术传统的剑桥大学作为英国高校开展创业教育的先行者，学术界与产业界开展普遍联系，在催生了享有"欧洲硅谷"美誉的剑桥高技术产业集聚区，繁荣当地经济的同时，也走出了一条有别于美国工科大学的创业教育之路。

（1）基于创业过程的教育方案。剑桥大学创业中心（Cambridge Enterpreneurship Center，CEC）基于 Moore 的创业过程理论[53]和蒂蒙斯的创业过程模型，开发了"激励→传授→实施"三阶段创业教育方案。例如，"创业星期二"课程分为三个学期，前两个学期的主题依次为"创业是什么，我是否适合创业"和"我如何去创业"，每个学期安排 6 个讲座及相关实践；到第三学期则由学生组成创业小组，在教师的指导下亲身参与创业活动。三个学期的课程依次递进并与学校创业大赛同步，对完成整个课程的学生颁发证书。该课程第一学期和第二学期的课程内容如表 2-4 所示[54]。

表 2-4　"创业星期二"课程内容

第一学期		第二学期	
主题	课程内容	主题	课程内容
有一个清醒的认识	在创业初期，有一个足够伟大的理想可以保证后续努力	吸收重要的经验教训	公司从创建到首次公开募股的 5~6 个关键时刻的有利和不利事件
找到好的想法	学会评估想法并将其转化为可量化的机会	寻找资金支持	如何找、从哪儿找资金支持。与商业天使、风险资本家和企业家进行专门小组讨论
寻找支持	资源调查、寻找信息、创建个人人脉网络和社会资金	建立一个伟大的团队	如何在项目的最初阶段建立团队，如何挑选合适的人员，给每个人以恰当的职位
做出艰难选择	理解风险和选择的含义，对风险和模糊性的容忍有一个自己参考的框架	经营企业	详细说明经营一家企业所必须做的事情。确保学员知道企业运营的复杂性并能认真钻研领导才能
成为销售人员	需要有对激情和决心的自我认识，培养对个人特质的理解	做专题发言	非常实用的详细说明和活动，帮助学员理解"电梯间演讲"的重要性和技巧
……	……	……	……

（2）结合专业特色的课程结构。CEC 开发的课程包括有学分和无学分两部分。其中，有学分课程主要是针对 MBA 和工科学生，但针对生物、化学、计算机等不同专业特点实施不同的授课内容及学时；无学分课程主要是面向有创业兴趣学生开设的选修课，如"创业星期二"，前两个学期各有 6 次讲座和 1 次研讨会，邀请企业家进行演讲、交流和指导。

（3）依托孵化基地的实践教育。剑桥大学是英国最早也是最为成功的建立科技企业孵化器的高校。例如，著名的圣约翰创新中心围绕生物、移动通信、激光、网络等优势学科为学校师生的创业实践提供了良好的服务支持；除了为入孵企业提供为期 3 年的孵化服务外，还以出租邮址的方式提供网上虚拟孵化。企业孵化器使学校与产业界形成了广泛的网络关系，为校企联合培养本科生和研究生，学生到公司实习、兼职等创业实践教育提供了极为重要的平台。

（4）借助外脑的国际联合办学。英国政府和企业共同出资赞助剑桥大学与麻省理工学院联合成立剑桥-麻省理工学院研究院（Cambridge-MIT Institute，CMI），使剑桥大学得以借助麻省理工学院在科研和教育创新方面的杰出成果，努力冲破学校的保守传统[55]。研究院为培育新一代科技、工程和商业领袖，设立一系列创业教育高级讲座，每次讲座围绕一个主题，如"怎样界定企业家精神""如何启动伟大的创意"等内容，使创业者和企业家之间在研讨的课堂氛围中开展多种形式的互动学习及信息共享。

2.3.4　日本东京工业大学创业教育模式

日本经济泡沫破灭、传统产业转型、中小企业蓬勃发展的国情促使政府将创业教育作为国家创新战略的重要组成部分，积极推进高校开展创业教育，扶持大学风险创业[56]。以培养具有创造力的国际领导者为己任的东京工业大学近年来创业教育发展迅速，形成了独具特色和规范的教育模式。

（1）高起点的研究生专门教育。东京工业大学的创业教育主要由大学院（相当于我国大学的研究生院）在研究生层面开展。大学院设立的"企业家创业研究方向"使有志于创业的研究生，通过学习战略经营、商务会计、创业融资等基础课，以及知识产权管理学，生命、环境等领域商务管理，虚拟商务等专业课，具备在信息技术、生命等高新技术领域产业化的能力和企业实施战略管理的能力。该方向的研究生毕业除了要完成高水平论文，还要制订创业规划，并经过两年时间的学习和对创业环境的观察，能够将其创业理念和计划付诸实施[57]。

（2）项目导向的创业素质教育。除了专门教育外，东京工业大学以产学协作为契机，结合专业开展更广义的创业教育，为学生优秀创业素质的形成奠定基础。学校实施的产学协同实践型项目导向学习（project-based learning，PBL）教育计划，主要面向机械专业开设博士课程，并在能源、环境等专业开设硕士课程。项目由学校与企业联合制定，学生在教师的指导下，围绕问题设定、事前学习、课题活动、中间报告、评价五个步骤进行研究。PBL 为学生提供了更多接触企业真实情景的实践机会，具有很强的针对性和实用性。例如，学校与日本著名企业 NEC 共同承担了文部科学省"未来超级计算核心技术的研究开发"的课题，互利共赢，取得了许多尖端的研究成果。东京工业大学为了更好地开展该课题的研究工作，设立了专门的见习推进委员会、产学协同 PBL 委员会、各专业委员会，以及必备的基础设施，如"创造工房""制造教育研究支援中心""综合分析中心"等，作为企业与学校合作的联络处。在课题合作期间，NEC 负责向委员会提供资金，同时为学生实习提供平台，深受学生欢迎。

（3）立足校友的创业实践援助。东京工业大学充分利用校友这一宝贵资源将创业教育与后续创业援助进行有机结合。例如，创办于 2004 年的"藏前风险投资咨询室"就是通过校友会将活跃在大型企业、银行、学术机构等社会上各行各业的校友志愿者组织起来，以每周定期在学校咨询室服务或以举办创业支援讲习会、创业大赛等形式为学校的风险创业者提供技术、制造、经营、融资等多方面的咨询、指导，帮助风险创业者顺利开展创业活动。

2.3.5　创业教育模式的比较分析

从创业教育模式构成要素的角度详细对比分析上述三所工科大学的创业教育

状况，如表 2-5 所示，可以发现其具有如下差异化及共性特征[58]。

表 2-5 国际典型工科大学创业教育状况对比

	美国斯坦福大学	英国剑桥大学	日本东京工业大学
教育背景	自下而上地发展，硅谷的快速发展对创业教育的需求大大增加，创业教育因此兴起	自上而下地发展，创业教育的动因不仅是需求的驱动，更主要的是政治力量的驱动	自上而下地发展，全球化背景下走出经济低谷与创造就业的政府战略转型的产物
教育理念	学以致用，勇于创新	鼓励学生探索未知领域	不断进化的创造性教育
组织机构	STVP 和 CES 分别负责工学院和商学院的创业教育，兼具教学单位和孵化器双重职能	CEC 遍布整个剑桥大学，活动包括创业教育、咨询、创业者指导、最佳实践研究等	大学院主要负责创业教育，并有创业援助机构提供创业咨询、指导、融资等服务
授课对象	面向工科本科、硕士、博士学生和商学院 MBA	面向 MBA 和部分工科专业	面向研究生的专门方向教育
课程设置	理论教学体系表现为基础教育与专业教育紧密结合、增加综合性跨学科课程、单独开设创业课程三个方面。具有完善的创业教育实践体系	以实践导向型课程为主，针对特殊需求开设相应课程。课堂教学与创业计划大赛、CMI 项目实习、就业指导、科技成果转化等相互整合	针对学生特点开发在实践中具有可操作性的创业课程。注重主渠道（课程、讲座）和辅渠道（实习、竞赛）之间的相互配合
教学方式	企业家、风险投资家等产业界人士通过担任客座讲师、课堂嘉宾、来校演讲、参加论坛等方式参与创业教育。工学院与商学院学生通过组建团队，共同开发商业计划	邀请企业家和创业者积极参与教学，使学生获得第一手经验；通过案例研究、嘉宾讲演、小组项目、撰写商业计划、学生演讲等方式使学生获得"近似创业的经验"	企业家参与创业教育的教材编写、课程设定及师资合作；项目导向型教育由学校和企业围绕产学合作中共同关心的具体问题，训练学生面对问题和解决问题的能力
资金支持	主要来自成功校友的私人捐赠，也有考夫曼基金会等政府形式的资助	主要来自政府，如高等教育创新基金、科学创业挑战基金，并通过各种途径募款	主要来自政府，如日本经济产业省设立的大学生风险企业计划等，也有校友的资助
国际合作	STVP 每年在斯坦福举办一次创业教育美国会议，并在欧洲、亚洲和拉丁美洲举办区域性会议，以推进创业教育	与麻省理工学院联合建立研究院，合作开展创业教育项目	非常重视与国外大学的校际交流，与多所世界知名高校建立合作关系，参加多种形式的国际创业教育活动

1. 差异化特征

（1）按照教育组织划分，斯坦福大学是工学院主导，工科学生的技术创业项目是学校创业教育强有力的推进器；剑桥大学是商学院主导模式，这也是欧洲工科大学开展创业教育的主流组织方式；东京工业大学则是研究生院主导。

（2）按照专业建设划分，斯坦福大学和东京工业大学是在现有专业基础上增加创业研究方向，如斯坦福大学创业教育历经"课程教育→专业教育→学位教育"的演进过程，目前在工学院管理科学与工程专业下招收创业方向的哲学博士（Ph.D.）；而剑桥大学采用的是创业资格证书，即学生修完某些创业课程的同时可获得相应的资格证书。

（3）按照教育对象划分，东京工业大学和剑桥大学重在聚焦，面向的教育对象比较集中；斯坦福大学重在辐射，面向全校不同层次的学生开展全方位的创业教育。

（4）按照教育动力划分，斯坦福大学是市场驱动的典型代表，创业教育的动力主要来自硅谷高科技创业的需求和资金支持，对政府的依赖程度较小；东京工业大学是政府驱动，动力主要来自政府的战略转型和政策激励，对政府的依赖程度较大；而剑桥大学则位于上述二者之间。

2. 共性特征

（1）创业教育理念与学校价值观一脉相承，继承了学校的历史、文化价值传统，价值取向以学生的成长为中心，面向社会经济未来挖掘学生潜质，促进学生的多元化发展。

（2）创业教育体系无论是校内的创业项目、创业组织、技术许可部门之间，还是与校外的校友、企业、政府、创业援助机构之间，都形成了联系广泛、关系稳定的网络关系。

（3）创业教育课程设置打破了传统的按知识分类的专业划分标准，将"创业学"作为一个跨学科的专业领域或研究方向，形成了"实践→理论→实践"的教学计划及课程结构。

（4）创业教育师资队伍中具有严谨理论知识的专业教师与具有丰富实践经验的兼职企业家相辅相成，而且工科教师发展成为骨干力量，既确保了学生可以在工业技术前沿学习，也使实验室中的前沿技术能够迅速转移到企业或以创办企业的形式实现转移。

（5）创业教育成为大学"政产学结合"的重要桥梁和纽带。学校政策的大力扶持打造了适于创业的教育环境，形成了知识产权明晰的创业运行机制和浓郁的创业文化氛围。

2.3.6 对我国工科高校的启示

通过上述比较分析，我国工科大学的创业教育应加强以下六方面的建设工作。

（1）进一步明确价值取向。世界著名创业学者蒂蒙斯教授认为创业教育的真正意义是为将来的几代人设定"创业遗传代码"。这种以创业精神和创业意识的培养与传承为核心的教育价值取向正是上述三所大学的真实写照。我国高校开展创业教育要立足于创新型国家建设情景下的高等教育人才培养模式改革，务必摆脱创业就是创立新企业、创业教育就是企业家速成教育或大学生就业技能训练的狭隘认知和功利性认知，真正从教育思想和教育认知上确立高校创业教育是为我国未来产业造就开创性人才的广义教育定位。

（2）构建网络化教育体系。国际成功经验表明，以专门教育组织为核心的网络化教育体系非常有利于推进创业教育深入实施。我国高校的网络化创业教育体系建设，一是要打破学校内各部门之间条块分割、各自为政的局面，通过顶层设计建立跨部门的组织机构，明确牵头部门及参与部门的责、权、利，将创业教育全方位地贯穿于专业建设、教学计划、创新实验、学生活动、技术转移等各个方面；二是要面向国家政策导向和战略性新兴产业发展需求，进一步挖掘和拓展政产学合作的深度与广度，通过政产学协作体系深入推进创业教育。

（3）开展分层分类教育。处于不同教育层次、专业及家庭背景的学生，由于知识积累、经验阅历、社会资本等方面的差异，会对创业知识、创业技能和创业实践等方面的需求有所不同。若以单一的普及性课程来满足具有不同需求的学生，则很难达到开展创业教育的目的和效果。斯坦福大学 STVP 针对本科、硕士、博士学生设置的全方位教学体系和团队教学方式，剑桥大学 CEC 基于创业过程构建的递进式教学方案及资格证书，都值得我国高校充分借鉴。

（4）鼓励工科院系参与教育教学。世界高校创业教育都是源自经管学科，再由经管学科向理工、艺术等其他学科扩散。但如果理工科学生的创业教育仅由知识结构单一的经管教师承担，必然会导致创业教育与理工专业知识的脱离，造成技术创业教育的空壳化。我国理工科大学的创业教育有必要构建由理工、经管等专业教师组成的跨院系教学团队和联合教育机制，因地制宜地将创业素质教育和技术创业教育渗透到理工科学生的专业教育中去。

（5）充实具有实践经验的师资队伍。实践型师资是成功实施创业教育的重要保障，同时也是稀缺资源。我国高校创业实践型师资供应，一是要与校友会、联盟企业、产业界、科技园区等相关机构建立稳定的合作关系，争取援助与兼职；二是要创造条件积极鼓励专职教师走出大学的"象牙塔"，通过到企业挂职、进修及深入的案例研究等方式体验企业实践和创业过程，提高自身教育能力；三是在有条件的区域可以建立共用师资库和开展远程教学。

（6）加强国内外合作与交流。参加国际合作与交流，学习并吸收其他国家先进的高校创业教育经验是剑桥大学和东京工业大学的典型做法。我国高校在这方面也要做出更多的努力，尽快建立起合作交流的平台，通过各种形式充分交流国内外创业教育的成功实施方案，学习并推广创业教育的典型教学方法，开发创业教育合作项目，形成创业教育的开放式办学。

2.4　工科大学创业教育模式的国内比较

2.4.1　创业教育的国内演进与现状

20 世纪 90 年代以来，伴随着世界范围内一浪高过一浪的创业教育热潮，我国高校的创业教育工作也在不断地由新生态走向常态化。从 1998 年清华大学的"星星之火"开始，创业教育从点到面、从低到高，进行着高校自下而上和政府自上而下相结合的螺旋式演进，其演进脉络主要表现为以下四条路径。

（1）从举办创业竞赛到尝试构建创业教育体系。从历史渊源上看，我国创业教育的起源与国外就有明显的不同，它并非起源于严肃的"第一课堂"，而是起源于活泼的"第二课堂"。其中，最重要的"第二课堂"就是"挑战杯"中国大学生创业计划竞赛（也被称为小挑），与之相对应的另一个"挑战杯"是全国大学生课外学术科技作品竞赛（也被称为大挑）。自 1999 年以来，这两项竞赛就以"双子星座"的形式由国内著名大学轮流交替承办，对于高校倡导创业理念、普及创业知识、引领创业行动具有强烈的导向作用。目前，"挑战杯"竞赛已成为最受国内高校认可和欢迎的大学生科技创新创业竞赛。2014 年，为贯彻落实国家"关于健全就业创业机制"的精神，原有"挑战杯"创业计划竞赛更名为"创青春"创业大赛，竞技内容也拓展为创业计划竞赛、创业实践挑战赛和公益创业赛；全国 1200 多所高校、近百万名学生参与其中，参赛作品更是达到了创纪录的近十万件。

在"挑战杯"的导向作用下，教育部先后进行高校试点、实验区项目支持，鼓励高校尝试构建体系化的创业教育。自 2002 年以来，9 所试点高校根据自身特点逐渐形成了多样化的创业教育模式，成为开展创业教育的排头兵，如上海交通大学的"一体两翼"模式、北京航空航天大学的实践教育模式、中国人民大学的课堂扩展模式、黑龙江大学的融入式教育模式等[59]。这些创业教育模式既是我国高校在全球化视野下积极开展本土实践的结晶，更是我国高校打破高等教育僵化体制的破冰之行。它们在一定程度上更新了学校的教育理念，为学校注入了崭新的人才培养思维及方法，有利于高校培养出当前急需的创新创业型人才，因而，在全国范围内都产生了一定的影响力和扩散力，为推广普及符合中国国情、中国特色的创业教育体系奠定了必要的实践基础。

（2）从借助国际项目到推进本土实验区建设。我国创业教育的历史渊源一个是"挑战杯"，另一个就是从国际劳工组织（International Labour Organization，ILO）引进的创业培训（中国）项目。需要说明的是，我国政府当初引进创业培训项目的原因，主观上并不是要培养创新创业型人才，而是为了解决 20 世纪 90 年代大规模"国退民进"所带来的严峻的"下岗再就业"问题。1998 年，劳动部从国际劳工组织引进了 SIYB 教育（中国）项目。SIYB 创业教育项目的核心是国际劳工组织为扶持各国的小微企业、促进充分就业，而专门针对小企业主开发的系列培训课程。该培训课程由浅入深地由 GYB、SYB、IYB 和 EYB 四大教学模块构成，如图 2-12 所示。就业行政管理部门在全国各地普遍开展了 GYB 和 SYB 两个模块的失业人员创业培训及相关师资培训工作，效果显著。2004 年，SIYB 项目开始从社会步入全国 37 所大学的校园，由此成为高校创业教育的重要源头。

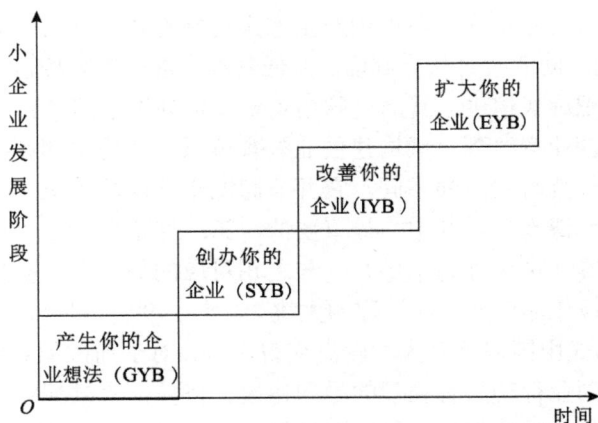

图 2-12　SIYB 项目四大教学模块

共青团中央等于 2005 年引进的 KAB 教育（中国）项目与 SIYB 项目有所不同，它原本就是国际劳工组织为培养大学生的创业意识和创业能力而开发的。KAB 项目的特色在于其按照"体验→讨论→学习"的顺序开展教学工作。该项目于 2006 年在中国青年政治学院等 6 所高校试行，目前已推广到全国 600 多所高校。KAB 项目环环相扣的教学内容如图 2-13 所示。

什么是企业？	为什么要发扬创业精神？	什么样的人能成为创业者？	如何成为创业者？
如何找到一个好的企业想法？	如何组建一家企业？	如何经营一家企业？	如何准备商业计划书？

图 2-13　KAB 项目的教学内容

SIYB 和 KAB 这两个国际项目，在我国高校没有更多的创业教育经验可供借鉴的情况下，在客观上起到了广泛而深远的推动作用。它们一经引进，就因为简单完整的授课体系、广泛互动的教学方法而受到我国高校师生的普遍欢迎；并随着项目规模的扩大而为我国培养了大量创业教育师资。目前，已有越来越多的高校将 SIYB 和 KAB 作为选修课。与此同时，教育行政管理部门也在不断地要求我国的高校积极实验本土的创业教育项目。2006 年，浙江大学被国务院学位委员会办公室（以下简称国务院学位办）授权成为全国首家"创业管理"硕士点和博士点办学单位。2008 年的"高等学校本科教学质量与教学改革工程项目"中，教育部在100 个"人才培养创新实验区项目"中，单独设立了 30 个"创业教育实验区项目"，每个项目资助 50 万元，以期能够孕育出更多具有中国高校特色的创业教育项目。

（3）从各个高校单打独斗到宏观指导协调推进。我国早期的创业教育主要是由各个高校根据实际需要自发推进的，学校之间的落差极大。例如，清华大学在

1999 年就成立了创业研究中心，开始承担全球创业观察（中国）项目的研究工作；南开大学在 2003 年主办了"创业学暨企业家精神研讨会"，在全国高校宣传推广创业教育；而在当时很多高校还根本不知道创业教育为何物，更没有开展创业教育的打算。正是由于长期以来我国的创业教育工作都是由各个高校独自承担、独自发展的，高校之间、高校与政府之间、高校与社会之间都十分缺乏必要的联系、支撑和协调，这种局面非常不利于高等教育界乃至社会各界对创业教育的宗旨和理念达成广泛的共识，更难以整合社会各界的创业教育资源，当然也就无法从根本上为高校开展创业教育提供全社会的支持氛围。

为破解这一局面，我国高等教育界在 2009 年成立了国内第一个与创业教育有关的全国性学术组织——中国高等教育学会创新创业教育分会，该组织的秘书处设在中南大学，并创办了会刊《创新与创业教育》杂志，用以支撑全国高校进行创新与创业教育的理论及实践交流。在更高的层面上，教育部于 2010 年成立了第一届高等学校创业教育指导委员会，任期为 5 年。这一届教学指导委员会的成员可谓是"群星荟萃"，除了来自清华大学、南开大学等国内院校的专家学者外，还特别聘请了马云、柳传志等著名创业家作为特聘委员，以便在理论和实践上都能更好地对全国高校开展创新创业教育提供宏观指导和服务支持。

（4）从素质教育的附属内容到政府全面密集推进。有关创业教育的国家文件，第一个是 1999 年国务院颁布的《关于深化教育改革，全面推进素质教育的决定》。遗憾的是，此后直至 2010 年，我国政府再也没有颁布过涉及创业教育的文件。政府有关部门对创业教育的认识在这 10 年间一直停留在素质教育的层面，没有大的突破。随着全球金融危机的爆发和我国经济下行压力的加大，2010 年成为转折点，涉及创业教育的政府文件"井喷式"地爆发，对创业教育的重视程度前所未有。这些文件内容的演变，也从侧面反映出我国政府对创业教育的认知变化。

表 2-6 比较分析了我国政府在 2010～2015 年所颁布的与创业教育相关的主要文件。从中可以看出，教育部颁布的指导文件要求的越来越具体，从 2010 年的宏观表述，到 2012 年的具体课程、具体项目，再到 2015 年的具体制度保障。2015年，创业教育再次上升到国家战略，由国务院颁布实施意见。与 1999 年的文件相比，《关于深化高等学校创新创业教育改革的实施意见》在系统性和操作性方面已经具有了实质性的变化。

表 2-6　2010～2015 年政府颁布的主要创业教育文件对比

文件名称	《关于大力推进高等学校创新创业教育和大学生自主创业工作的意见》	《关于印发〈普通本科学校创业教育教学基本要求（试行）〉的通知》	《关于做好"本科教学质量工程"国家级大学生创新创业训练实施计划的通知》	《关于深化高等学校创新创业教育改革的实施意见》	《关于做好 2016届全国普通高等学校毕业生就业创业工作的通知》
颁布时间	2010 年（教办〔2010〕3 号）	2012 年（教高厅〔2012〕4 号）	2012 年（教高函〔2012〕5 号）	2015 年（国办发〔2015〕36 号）	2015 年（教学〔2015〕12 号）
颁布部门	教育部	教育部	教育部	国务院	教育部

续表

文件名称	《关于大力推进高等学校创新创业教育和大学生自主创业工作的意见》	《关于印发〈普通本科学校创业教育教学基本要求（试行）〉的通知》	《关于做好"本科教学质量工程"国家级大学生创新创业训练实施计划的通知》	《关于深化高等学校创新创业教育改革的实施意见》	《关于做好2016届全国普通高等学校毕业生就业创业工作的通知》
文件的关键词	大力推进、打造平台、落实政策、加强领导	全体学生、系统开展、必修课程、示范教材	增强能力、三类计划、经费支持、日常管理	顶层设计、九项要求、系统全面	学分管理、弹性学制、休学创业、专业转换、科技成果优先转移

综上所述，我国创业教育的主要里程碑事件如图 2-14 所示。我国创业教育的现状在整体上可以表述为：正在承接世界先进国家的创业教育模式转移，再对其进行本土化的模仿、改造和二次创新。从世界经济的大视野来看，这种情况与我国当前正在承接的技术转移、产业转移大体相当，创业教育的发展离不开经济大环境。令人欣喜的是，无论是进行高校试点，还是进行实验区建设，我国的工科大学都对创业教育模式进行了很多有益的尝试，极具启发、值得借鉴。为此，本书从教育部立项的 30 个"创业教育实验区项目"中，选取上海交通大学、华东理工大学及北京航空航天大学进行比较分析，以便从它们的创业教育模式中，更为深刻地理解我国工科大学开展创业教育的现状和未来趋势。

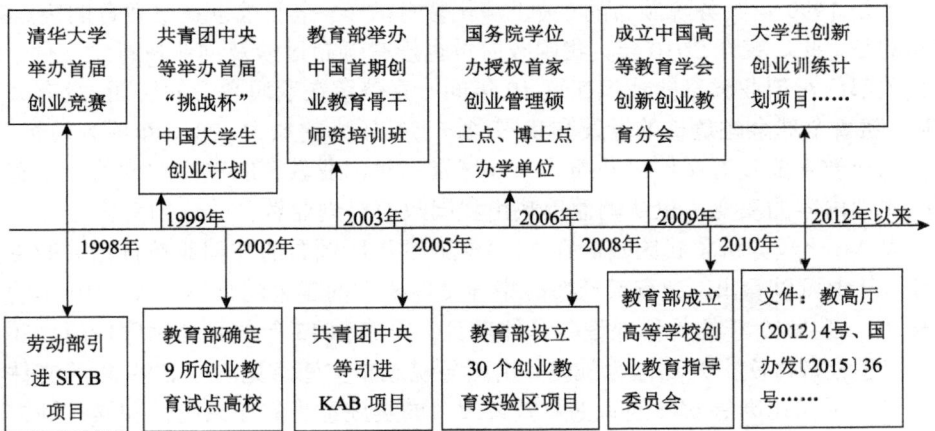

图 2-14　我国创业教育的主要里程碑事件

2.4.2　上海交通大学创业教育模式

上海交通大学是教育部直属的一所理工特色鲜明的全国重点大学。学校建校100 多年来，在工学、商学和医学领域拥有崇高的学术影响力。在创业教育领域，上海交通大学作为我国最早的试点高校和教育实验区，通过多年的不懈尝试及坚持，在许多方面都形成了自己的固有特色。

（1）有形与无形相结合的创业学院运行方式。上海交通大学于 2009 年筹建创业学院，2010 年该学院正式以"无形学院、有形运作"的方式，统筹管理全校创业教育。所谓"无形学院"主要体现在：创业学院招收的精英化学员既不受专业的限制，也不改变其与原有专业的隶属关系。创业学院与专业学院互不冲突，并形成一定程度的互补关系。所谓"有形运作"主要体现为三个方面：①创业学院每年招收的 50～60 名精英化学员，实行的是 1.5～5 年的弹性学制；②学员在达到全部课程修读要求后准予结业，并自动获得参加创业实践考核的资格，结业证书只作为对创业学生的鼓励和激励，不作为学历和荣誉；③创业实践考核以实际创办企业的经历和收获作为考核内容，创业学院对通过考核的学员颁发毕业证书。除了招收精英学员外，创业学院还面向全校学生开设创业管理通识课。

（2）第一课堂与第二课堂相融合的课程体系。学校创业教育课程体系针对不同层次的学生，分为通识课程、核心课程、特色课程、实践、实战、工商管理第二专业课程等六个模块，如表 2-7 所示。不同模块之间的组合可以实现不同的教学目标。以通识课程模块为例，该模块由各学院本科生、研究生自愿报名选修，教务处根据报名情况通过平衡专业将学生混合编班编组。该模块的第一部分为"创新与创业大讲堂"，邀请创业前辈和资深教授以大班系列讲座的形式为学生提供学习和交流机会；第二部分为导师专题辅导，根据组队情况将学生分为若干小班，由班主任和助教指导班内创业团队选择创业方向，在课程结束时以商业计划书进行评比，每个班级推荐 2 个优胜团队参加后续的创业培训及竞赛；第三部分为创业计划大赛，从班级选拔出来的团队经过两轮初赛及一轮复赛与校团委创业计划大赛的优胜队共同参加学校"华威杯"创业大赛，并由学校推荐参加全国大赛。

表 2-7　上海交通大学创业教育课程体系

课程模块	课程名称	学时	教学对象
通识课程模块	创新与创业大讲堂	32	全校学生
核心课程模块（必修）	创业领导力	16	宜怀班学员，部分全校学生
	创业机会的识别	32	宜怀班学员，部分全校学生
	风险资本与创业	16	宜怀班学员，部分全校学生
	创业计划的制定与计划书写作	16	宜怀班学员，部分全校学生
特色课程模块（选修）	商业模式设计与创新	32	宜怀班学员，部分全校学生
	互联网商业模式与创业	32	宜怀班学员，部分全校学生
	创业起步	32	宜怀班学员，部分全校学生
	创业案例	32	宜怀班学员，部分全校学生
实践模块（限选）	创业模拟	32	训练营学员
	创业大赛	16	训练营学员
	海外见习	16	训练营学员

续表

课程模块	课程名称	学时	教学对象
实战模块（必修）（二选一）	创办企业	32	训练营学员
	创业基地见习	32	训练营学员
工商管理第二专业课程	企业管理知识（选修）		全校学生

资料来源：上海交通大学创业学院网站（http://chuangye.sjtu.edu.cn/）

（3）校内校外实践实习相接力的平台支持。为更好地支撑创业教育的实践环节，构建集教学、训练、孵化于一体的创业教育链条。上海交通大学充分整合校内外资源，搭建了一系列为学生创业实践提供支持的平台，形成了校内外人才接力培养及成果孵化的联动机制。校内平台主要包括：安泰经济与管理学院推进创业模拟仿真教学的管理学科实验室、创业学院的实践课程模块、就业服务和职业发展中心组织的"科技创业实务系列培训"、校团委组织的"上海交通大学创业计划大赛"等。校外平台主要包括：上海交通大学与宝钢、联合利华等国内外大型企业共同建立的教育实践基地，美国国际数据集团（International Data Group，IDG）、上海联创等风险投资公司、上海市大学生科技创业基金提供的融资平台，学校与闵行区政府、上海紫江集团等七家股东单位共同创建的紫竹科技园区及张江高科技园区等。

2.4.3 华东理工大学创业教育模式

华东理工大学隶属于教育部，是"211 工程""985 工程优势学科创新平台"重点建设院校和"卓越工程师教育培养计划"入选高校。该校积极落实"基于 CSSO 全程创业教育新模式"的教育部创业实验区项目[①]，在以下三个方面取得了相应的改革成果。

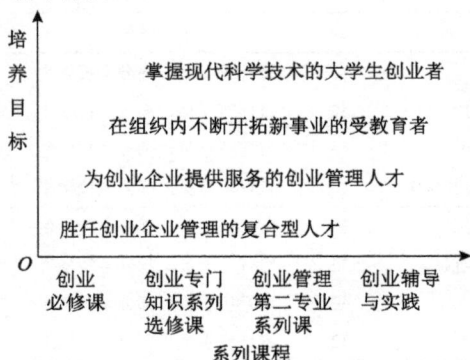

图 2-15 华东理工大学创业教育人才培养定位

（1）初步确定人才培养定位及课程体系。经过多种形式的反复讨论和深入研究，华东理工大学最终确立了四类人才培养目标及任务，并根据培养目标及教学对象的不同，进一步优化人才培养方案，设立了创业必修课、创业专门知识系列选修课、创业管理第二专业系列课、创业辅导与实践等四类创业课程，如图 2-15 所示。

（2）初步打造专兼结合的创业师资

① CSSO 即 conceive（构思）、scheme（策划）、simulate（模拟）、operate（运作）四个英文单词的首字母。

队伍。针对 CSSO 的四个阶段，学校有效配置思想政治教师（辅导员）、经济管理教师、学科专业教师、社会兼职教师等四个方面的师资，使他们最大限度地参与 CSSO 的创业教育全过程并发挥应有的作用，如表 2-8 所示。从表 2-8 中可以看出，处于 CSSO 的阶段越高，对学生创业的指导越具体、越接近于实战，师资类型也因此越丰富。为此，学校针对创业教育的课程内容、授课方法和企业实践，对师资队伍开展了专项培训。

表 2-8　CSSO 框架下的华东理工大学创业师资配置

所处阶段	构思（C）	策划（S）	模拟（S）	运作（O）
师资类型			社会兼职教师	社会兼职教师
		学科专业教师	学科专业教师	学科专业教师
	经济管理教师	经济管理教师	经济管理教师	经济管理教师
	思想政治教师	思想政治教师	思想政治教师	思想政治教师
师资任务	创业心理辅导、创业机会识别指导	创业团队组建指导、商业计划书撰写指导	创业模拟指导	创业实战指导

（3）初步构建虚实结合的模拟与实践平台。模拟（S）和运行（O）是 CSSO 框架的高端，也是执行的难点。针对这两个环节，华东理工大学开展了大学生创业计划大赛、创业训练营及创业实战赛、创业见习活动、大学生创业服务与辅导、创业社团建设等五项工作。其中，创业计划大赛每两年举办一届，参加竞赛的学生可以获得相应的创新学分。依托暑期社会实践开展的创业实战赛，在得到学生积极响应的同时，也在社会上引起了较大反响，如 2009 年以温州创业为背景的"第九届大学生创业实战赛"受到《文汇报》等 10 余家媒体的广泛关注。学校于 2009 年开始实施大学生"创业见习资助项目"，面向高年级本科生和研究生提供高成长性企业的见习岗位，并保证创业见习时间不少于 50 天。此外，商务管理协会和创业俱乐部两个创业社团连续多年被学校评为"五星级学生社团"。

2.4.4　北京航空航天大学创业教育模式

北京航空航天大学隶属于国家工业和信息化部，是一所带有航空航天特色和工程技术优势的全国重点大学。作为教育部最早布局试点创业教育的 9 所高校之一，北京航空航天大学以培养学生实践能力为导向的创业教育逐渐走向成熟，并在以下三个方面呈现出特色。

（1）管理与运行机制的有力保障。北京航空航天大学一直高度重视创业教育工作，将其纳入学校教学总体规划，为其营造适宜的组织和制度环境。该校的创业教育体系从入口到出口，分为创业意识教育、创业知识传授、创业技能培养三大环节。在组织上，这三个环节分别由创业管理培训学院、专业院系、教务处、学生处、就业指导中心、校团委、孵化器、大学科技园等部门各负其责、分工协作[60]。北京航空航天大学创业教育体系如图 2-16 所示。其中，创业管理培训学院成立于 2002 年，2005 年又在此基础上并行成立教育培训学院，下设创业研究中心、创业培训中心、国际合作部、培训部等部门。

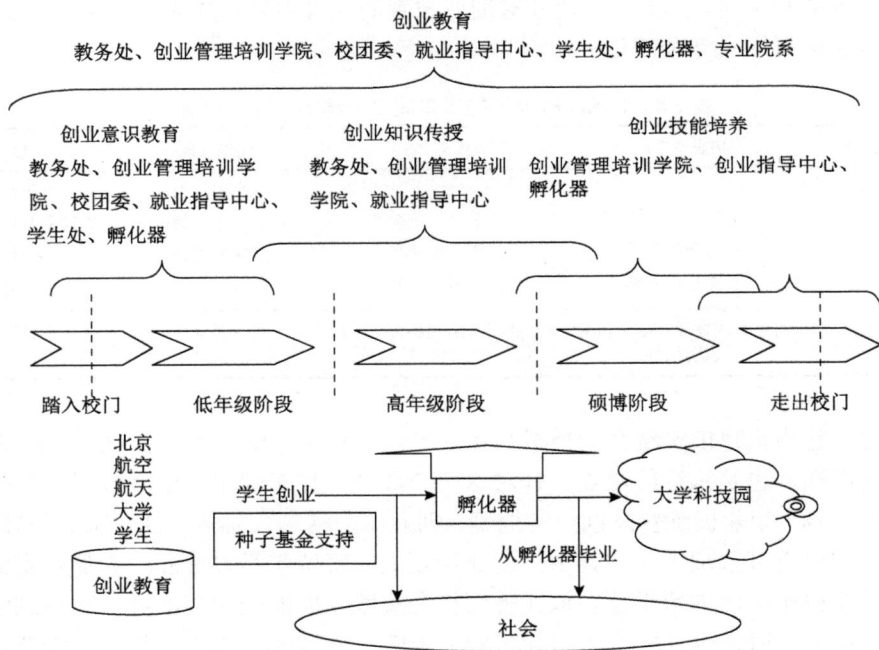

图 2-16　北京航空航天大学创业教育体系示意图

　　（2）课内、课外实践活动的有机结合。学校为使学生在创新创业方面提升实践能力、积累实践经验、开阔认知视野，主要采取了以下四项措施：①在课程体系中设立"工程实践课""创新课"等必修课。例如，"工程实践课"组织了一大批先进、典型、实用的本科生实验教学项目用于教学；"创新课"鼓励学生充分释放创新潜能，自主开展集设计、工艺、制造于一体的创新活动。②积极开展大学生科技作品竞赛、创业计划大赛、创业大讲堂、创业俱乐部、创业沙龙、创业实习等课外实践活动，取得实际成效。③设立本科生科研训练基金，配套开展相应的训练计划，提高本科生的创新意识和创新能力。④依托国家级"双实双业"基地[①]——北京航空航天大学科技园，为大学生实践活动提供企业实习岗位、专业教师指导、创业场地、专场招聘会等服务支持。

---

　　① "双实双业"基地是高校学生科技创业实习基地的简称。该基地依托于高新技术产业开发区、大学科技园等设立，为高校学生提供实习、实训、创业和就业的综合服务。

（3）三业导师制度的有效实施。为提高创业教育师资数量、优化创业教育师资结构，北京航空航天大学充分调动各专业院系的师资存量，创立了以指导学生的学业、职业和创业为职责的三业导师制度。其中，学业导师的主要职责是对学生进行专业领域的学习指导，同时也要基于专业认知及经验对有创业愿望和潜力的学生进行专业领域的创业指导；创业导师的职责主要是从各个方面引导和帮助大学生实现创业。北京航空航天大学扩大创业导师队伍的方式，一是自己培养，如组织辅导员和职业指导教师参加与创业指导相关的职业技能培训，提高这些人的创业指导能力；二是外部聘请，如请有经验、有责任心且热心创业教育事业的社会各界人士，尤其是校友企业家，担任创业指导教师，作为辅助师资参与学校的创业教育工作。

2.4.5　模式的比较分析及趋势

与国际比较一样，本书也从创业教育模式构成要素的视角，对国内三所工科大学的创业教育状况做详细对比，如表 2-9 所示。从中可以发现，这三所高校创业教育的发展趋势可以表述为以下五个方面的转变：①创业教育焦点。已经从"为什么要实施创业教育"，转向"如何更有效地实施创业教育"；大家关注的焦点不再是创业教育的重要性和必要性，而是创业教育的可行性和执行性。②创业教育的定位。已经从面对现实就业压力的"技能教育"，更多地转向了以培养知识经济时代工程创新创业人才为目标的"素质教育"。③创业教育的对象。正在从面向少数学生的"探索教育""竞赛教育"，转向精英与大众相结合的"分层分类"教育；既要培养人才金字塔的塔尖，也要培养人才金字塔的底座。④创业教育的课程体系。正在从通识课、选修课、竞赛活动的"单一化""片段化"，逐渐转向可以进行模块化组合的"多样化"和"体系化"，并且都在加大与专业课程相融合的力度。⑤创业教育的组织机构。正在从学生、就业等众多归口部门的"附属化""零散化"，转向某个职能部门的"归一化"和"主导化"。

表 2-9　国内典型工科大学创业教育状况对比

	上海交通大学	华东理工大学	北京航空航天大学
教育背景	自上而下，创业教育试点高校	自上而下，创业教育实验区项目承担单位	自上而下，创业教育试点高校
教育目标	从广义的创业视角，培养大批具有创业精神、创业能力的高素质拔尖创新人才；从狭义的创业视角，培养一大批产业巨子	在 CSSO 全程创业教育模式框架下，针对不同学生确定了四类培养目标	适应世界教育改革和发展的趋势，培养适合中国国情的其有创新能力和企业家思维的新一代复合型经济管理人才
组织机构	创业学院	创业教育研究中心全面负责实验区建设的具体工作	创业管理培训学院

续表

	上海交通大学	华东理工大学	北京航空航天大学
授课对象	本科生、研究生；面上覆盖与点上突破相结合	本科生；根据四类培养目标进行分类培养	本科生、研究生；根据各学生群体的不同需要，进行分类培养和指导
课程设置与教学方式	理论与实践两大课程模块的梯度组合；考核方式注重知识的运用、项目计划的实际可行性；教师的教学服务于学生的项目设计	通识必修课、选修课，商学院设立创业管理第二专业系列课	基本属于通识课程，开设少量与专业相融合的课程；根据课程内容和特点，采用大、小班结合，校、院、系结合的授课方式
师资力量	邀请著名企业家担任通识课程的主讲；风险投资家、创业园区、天使基金等各方代表与学生在"创业沙龙"分享创业之路的心得	根据 CSSO 框架配置思想政治教师、经济管理教师、学科专业教师和社会兼职教师等四类教师资源	充分挖掘学校学业导师和职业导师的潜力；依托教育部创业师资培训基地的优势将积极培养创业导师与外聘创业导师相结合
交流合作	与台湾有关机构联合组织"两岸创业交流营"，促进两岸学生创业思维的互相启发、共同进步；与美国百森商学院、麻省理工学院斯隆商学院合作	主要体现在与多个国家高校、企业集团和科研机构的学术交流，以及联合培养学生；在创业教育领域的国际合作不明显	与美国百森商学院、澳大利亚皇家墨尔本理工大学等国际著名创业教育院校进行合作，引进国外先进创业教育理念和方法

第3章 工科大学创业教育模式再造的总体框架

3.1 创业教育模式再造的理论基础

3.1.1 创业能力及其构成

1. 创业能力的重要性

大量研究表明，创业能力对于创业者成功创建新企业具有至关重要的支撑作用，是驱动创业活动顺利开展并取得成功的关键因素[61]。对于高校来说，更为重要的结论是，众多学者一致认为，创业者可以通过教育或者培训的方式获得创业能力。例如，管理大师彼得·德鲁克就认为，创业活动不是什么特别神秘的东西，它可以像任何学科一样进行学习。加拿大学者 Kantor 以安大略州 408 名学生为样本的实证研究也表明：大多数创业特征和创业能力是可以教授的，而创业能力比创业特征更具有可讲授性[62]。从逻辑上讲，既然创业能力是如此的重要，又是大学生可以通过学习获得的，那么创业能力的研究成果就必然成为高校开展创业教育极其重要的理论支撑和必不可少的前提条件，培养大学生的创业能力就必然成为高校开展创业教育的关键目标及核心任务之一。

需要说明的是，创业能力的可学习性、可获得性打破了长期以来创业者特质论所把持的传统论断。该理论一直坚持认为，创业者身上某些与生俱来的、与众不同的，甚至是极端的、偏执的个人特质才是其成功创业最为关键的要素，如史蒂夫·乔布斯、比尔·盖茨、马克·扎克伯格等当代著名创业者捕捉创业机会的警觉性及高超能力非常人可比，他们所创建的苹果、微软、脸谱网等世界级企业也确实非一般创业企业可比。应该说创业者特质论具有一定的现实解释力，成功的创业者身上确实可能存在着有别于常人的不同之处；但这些创业者毕竟只是个例，很难断定究竟是哪些特质导致了他们的成功；更何况普通人由于受到外部环境和自身条件的限制，要想获得这些特质几乎没有可能。因此，创业者特质论对于创业教育的贡献微乎其微，反倒容易使人陷入一种"宿命论"的认知陷阱中，误把创业者等同于"超人"，以致丧失创新创业的意识和信心。

2. 创业能力的内涵及构成

就创业能力本身而言，学者们由于受到研究视角和研究对象的限制，到目前为止还没有形成一个统一的、能够被大家普遍认可的定义，因此在内涵上极易引起混淆，需要进行界定。根据《现代汉语词典》的解释，能力在中文中一般指的是能胜任某项工作的主客观条件。而与能力相关的英文词汇却相当丰富，主要有ability，capability，competence 和 skill 等几个。其中，ability 主要用于人的思考、行动、创建等方面；capability 指胜任某项工作的才能或潜能；competence 指与某项工作相称的能力，包括专业技能、知识、专利等，因而也经常被译为胜任力，比较接近于中文关于能力的一般定义；skill 是指经过后天训练而获得的、可以达到熟练水平的技能、技巧或技艺。从人才培养的视角来看，创业能力中的"能力"应该比较接近于 skill 的含义，指的是某些具体的技能。因此，本书将创业能力界定为：受教育者经过学习获得的、用于支撑创业活动的熟练技能。

关于创业能力的构成，国内外众多学者对其多有研究，结论如表 3-1 所示。从当前学者们的研究结论来看，创业能力大致可以分为两类：第一类是对创业活动起到必不可少的支撑作用的，但又不是创业活动所独有的能力，如基础性的经营管理能力等，这类能力是创业能力的外围能力；第二类则是核心能力，这类能力是创业活动独有的能力，如机会识别能力等。例如，Smith 等学者将开展创业活动所应具备的能力分为技术技能、管理技能、创业技能、个人成熟技能四种类型，前两种就可以归入创业能力的外围能力，后两种则可以归入创业能力的核心能力。Rudmann 等学者更是明确区分了创业的基本技能和严格意义上的创业技能。

表 3-1 创业能力构成的代表性研究成果

学者	能力构成
蒂蒙斯[63]	①形成创业文化的技能：人际沟通和团队工作的技能、领导技能、管理矛盾的技能。②管理或技术才能：行政管理、法律和税收、市场营销、生产运作、财务、技术管理
Chandler 和 Jansen[64]	①识别出可利用机会的能力；②驱动企业完成从创建到收获的整个过程；③协调组织内所有的兴趣、利益和活动的能力；④人力能力；⑤政策性能力；⑥使用特定领域内的工具和技术的能力
Smith 等[65]	①技术技能：生产产品和提供服务所需要的操作技能，获得原材料的技能，办公室或生产空间，辨认及获得设备、厂房、技术的技能。②管理技能：管理，市场营销，财务管理，法律，行政，高阶能力。③创业技能：商业观念，抓住市场机会，保持独立与寻求帮助的平衡。④个人成熟技能：自我意识，责任感，情绪控制，创造力
Rudmann[66]	①专业技能：特定专业的技能、技术技能。②管理技能：财务管理和行政管理技能、人力资源管理技能、顾客管理技能、总体规划技能。③机会技能：识别创业机会、市场和顾客导向、威胁意识、创新技能、风险管理技能。④战略技能：获得和利用反馈的技能、反思技能、监控和评估技能、概念技能、战略规划技能、战略决策技能、目标设定技能。⑤合作/网络技能：合作技能、构建网络技能、团队合作技能、领导力。其中，①②是创业的基本技能，③④⑤是严格意义上的创业技能
高健等[67]	①发现商机的能力；②组织创业资源的能力；③创办和管理小公司的能力；④创办和管理高成长型公司的能力；⑤创办新企业的经验
唐靖和姜彦福[68]	①机会能力：机会识别能力、机会开发能力。②运营管理能力：组织管理能力、战略能力、关系能力、承诺能力

　　此外，我国学者尹苗苗和蔡莉基于国内外研究成果和企业生命周期理论，认为创业能力的构成会随着企业创建、成长、成熟阶段的变化而产生很大的差异。创业能力在创建阶段主要体现的是创业者个人的能力，而在成熟阶段则主要体现为企业组织的能力，如图 3-1 所示[69]。

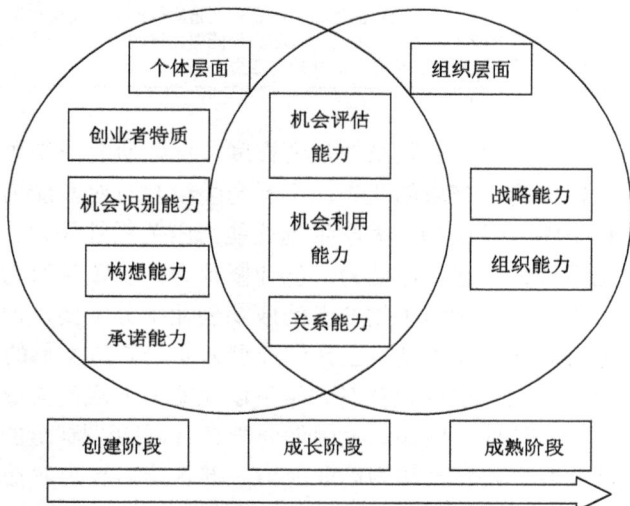

图 3-1　尹苗苗和蔡莉提出的创业能力概念体系框架

3. 大学生创业能力的构成要素

　　就关系而论，大学生创业能力应该是创业能力的一个子集，当然具有创业能力的共性特点；所不同的是，大学生在校学习的特殊性，使其创业能力又天然地具有了某些与学校教育相匹配的特点。国内外有关大学生创业能力构成的代表性研究成果如表 3-2 所示。

表 3-2　大学生创业能力构成的代表性研究成果

学者或机构	能力构成
美国创业教育者联盟[70]	①创业能力：创业程序、创业特质/行为、商业基础、沟通与人际能力。②准备能力：数字化能力、金融知识、财务素养、专业发展能力、财务管理、人力资源管理、信息管理。③企业功能：营销管理、运营管理、风险管理、战略管理
美国百森商学院[71]	①创新创意能力：具有新构想、新创意。②机会能力：识别机会、问题确认与解决。③组建创业团队的能力。④营销能力：辨认市场、进入市场、维持与增加市场等。⑤创业融资能力：决定现金需求、辨认资金来源与种类等。⑥领导力：感召团队、企业策划、政府关系等。⑦管理成长中企业的能力：建立企业愿景、招募人才、组织与监控实施、处理危机等。⑧商业才智：价格功能、利润及风险辨识
梅伟惠和徐小洲[72]	①创业基础技能（隐性技能）：创造力、问题解决能力、决策力。②创业操作技能（显性技能）：机会技能、资源整合技能、创业管理技能、专业技能
王辉和张辉华[73]	①关系胜任力；②机会把握力；③创新创造力；④资源整合力；⑤创业原动力；⑥创业坚毅力；⑦实践学习力

学者或机构	能力构成
蒋乃平[74]	①专业能力：创办企业中主要职业岗位的必备从业能力，接受和理解与所办企业经营方向有关的新技术的能力，把环保、能源、质量、安全、经济、劳动等的知识、法律法规运用于本行业实际的能力。②方法能力：信息的接收和处理能力，捕捉市场机遇的能力，分析与决策能力，联想、迁移和创造能力，申办企业的能力，确定企业布局的能力，发现和使用人才的能力，理财能力，控制和调节能力。③社会能力：人际交往能力，谈判能力，企业形象策划能力，合作能力，自我约束能力，适应变化和承受挫折的能力

综合来看，根据与学校教育联系的紧密程度，这些研究成果可以分为两类。一类是将大学生近似等同于普通创业者，不考虑学校教育对其能力形成的支撑作用。例如，王辉和张辉华[73]认为，大学生创业能力由关系胜任力、机会把握力、创新创造力、资源整合力、创业原动力、创业坚毅力、实践学习力等七种能力构成。这些创业能力固然对于大学生创业者的成功创业十分重要，但更多的是一种理论意义上的归类与启发，并不具备创新创业型人才培养意义上的可操作性。

另一类是充分考虑到了学校教育对大学生创业能力形成的支撑作用，在人才培养上具备较好的可操作性。例如，美国创业教育者联盟[70]制定的"全国创业教育内容标准"将创业教育内容分解为创业能力、准备能力和企业功能3个一级指标和15个二级指标。创业能力一级指标被分解为创业程序、创业特质/行为、商业基础、沟通与人际能力4个二级指标；每个二级指标再被分解为若干个具体的三级指标，如创业程序被分解为发现过程、概念发展过程、资源整合、付诸行动、收获5个三级指标。这些二级或三级指标在人才培养的操作层面上由相应的一门或多门课程进行有效支撑，从而体现了教学意义上的大学生创业能力构成。

值得一提的是，我国学者蒋乃平[74]对大学生创业能力划分的见解比较独到。他将创业能力解构为专业能力、方法能力和社会能力。虽然这一提法最初是针对职业教育展开的，而且有些反映能力的二级指标在具体内涵及范畴方面比较抽象、不易操作，如方法能力中的信息接收和处理能力等属于心理学范畴的能力，很难界定，不如美国创业者教育联盟制定的数字化能力或信息管理准确，但难能可贵的是这种能力的划分视角与我国高校当前的教学体系有很好的匹配度，易于操作和实施，因而对各层次的高校开展创业教育仍然具有很大的启发和很好的推广价值，从而受到国内学者的普遍重视和认可。

有鉴于此，本书充分吸收这种能力划分视角的合理内核，同时充分考虑到高校现有教学体系对大学生创业能力形成的支撑作用，将大学生创业能力划分为创业方法能力、创业专业能力和创业实践能力。这三种能力在创新创业型人才的培养上由低到高逐次递进、交叉并行，使大学生通过高校的创业教育在掌握创业基本方法的同时，形成基于专业能力的实践能力，如图3-2所示。

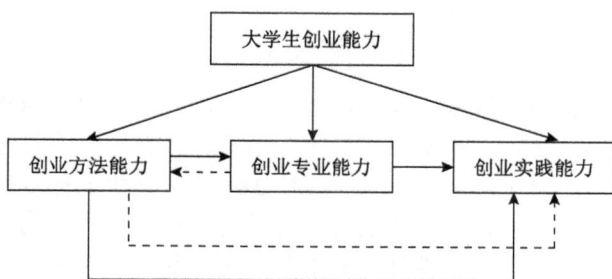

图 3-2　大学生创业能力的框架

3.1.2　创业自我效能理论

1. 创业自我效能的内涵及其作用

美国著名社会心理学家 Bandura 于 1977 年创立了至今影响深远的自我效能理论（self-efficacy theory）。该理论是基于社会学习视角的一种心理学理论，强调自我因素对行为的中介调节作用。按照 Bandura 的观点，自我效能指的是人们对于完成某个特定行为或某种结果，所需能力信念的具体预期[75]。自我效能并不是能力本身，而是人们在自我评价的基础上对于能力所形成的一种感知，"自我效能"也因此常被学者们称为"自我效能感"。该理论表明：在很多情况下，与其拥有的实际能力相比，人们往往更加注重能力信念，即确信自己能做什么的一种把握，所以自我效能对于提升个体心理机能、发挥个体主观能动性至关重要，可以强烈地影响人们完成某项任务的行为方式和目标达成度。而影响自我效能的信息，主要来源于人们亲历的掌握性经验（直接经验）、替代性经验、言语说服、生理和情绪状态等四个方面。

创业自我效能是该理论在创业领域的具体应用，可以认为是个体对其能够成功承担创业角色和创业任务的能力信念。创业自我效能是创业者对创业过程可行性的关键感知因素，即个体的创业自我效能越强烈，就越认为自己有把握胜任创业任务。国内外的实证研究对此提供了大量的数据支撑。例如，Jung 等以美国、韩国两国的 MBA 学生和经理人为样本进行跨文化的比较研究，发现在两个样本中，其创业自我效能水平虽有高低之分，但确实都在显著地影响着创业意向及创业行为[76]。Markman 等以专利持有者为样本的研究表明：创业自我效能与其投身创业活动的积极性显著正相关[77]。Hmieleski 和 Corbett 的研究表明：创业自我效能是创业行为和创业绩效之间的调节变量[78]。此外，学者们就创业自我效能的前置影响因素和后续作用机理都进行了更为深入的研究。例如，Gist 和 Mitchelh 认为，个体的风险倾向越明显，创业自我效能就会越强烈，进行创业活动的可能性也就越大[79]。丁明磊等以河北、天津四所高校的本科生为样本进行抽样统计，结果表明：行为控制感在创业自我效能对创业意向的作用过程中发挥部分中介作用，而影响行为控制感的两个关键因素分别是社会环境诱导和创业教育[80]。

2. 自我效能理论在高等教育领域的应用

自我效能理论自诞生以来，就在高等教育领域取得了很好的应用效果，既揭示了某些人才培养的机理，也支撑了工程、语言、体育等各学科专业人才培养模式的构建。例如，毛晋平以湖南省六所高校 381 名大学生为样本进行的学习适应性研究表明：①学习适应性在具体维度上有显著的性别差异；②气质乐观、气质悲观、掌握目标都对学习适应性具有显著的影响；③气质乐观、气质悲观分别是自我效能和学习适应性之间的中介变量；④气质乐观是掌握目标和学习适应性的中介变量。上述作用机理如图 3-3 所示[81]。

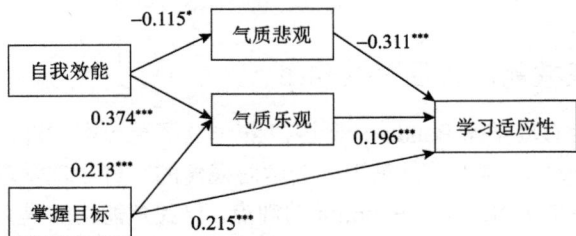

图 3-3　毛晋平提出的大学生学习适应性模型
p<0.05，***p*<0.001

李胜强等设计了测量工科大学生工程实践自我效能的量表，利用追踪研究的方法前后两次测量了北京工业大学选修"机械设计"课的学生在选课前后的工程实践自我效能。结果表明，学生通过课堂实践项目环节的学习，工程实践自我效能明显提升，且女生比男生显著[82]。孟彦莉基于过程写作法，构建了混合式教学写作模式下的大学生英语写作自我效能培养路径。该路径分为以下四个步骤：①做好写前准备和初稿写作，让学生体验成功；②积极进行同伴反馈，重视替代经验；③进行有效的教师反馈，发挥言语劝说的作用；④利用网络写作平台修改和重写，帮助学生克服英语写作的焦虑情绪，如图 3-4 所示[83]。

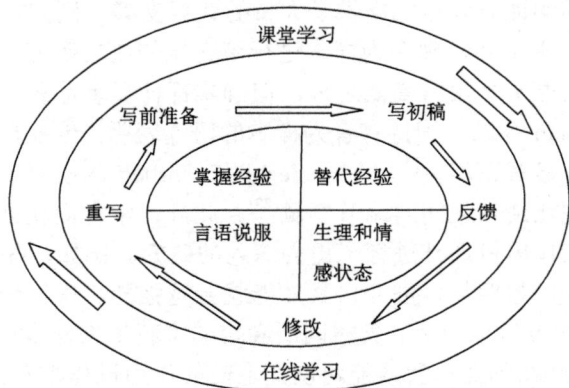

图 3-4　孟彦莉构建的混合式教学写作模式

　　比较而言，创业教育领域应用自我效能理论的时间较晚。近年来比较有代表性的研究成果来自浙江大学的徐小洲教授和南京师范大学的韩力争博士。

　　徐小洲和叶映华以浙江大学、浙江工商大学等高校的本科生为被试，通过实验构建了以创业合作为中介变量的创业自我效能、外在评价感知对创业意向的作用模型，如图 3-5 所示，进而从三个方面提出了高校创业教育的改进策略：①提高大学生创业自我效能，激发其创业热情；②加大对大学生创业的正向引导，增强其创业成功的信心；③强化创业实践中的团队合作，重视合作平台的建设[84]。

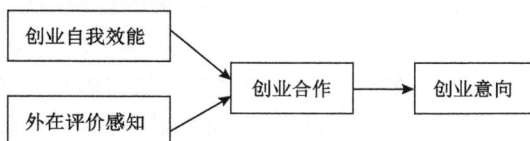

创业自我效能 → 创业合作 → 创业意向
外在评价感知 →

图 3-5　徐小洲和叶映华构建的创业意向作用模型

　　徐小洲和叶映华的另一个重要成果是构建了大学生创业信念影响因素模型，如图 3-6 所示。该模型以浙江省四所高校的 521 名学生为样本进行实证检验，结论如下：①性别、年级等统计变量在各个因素上的得分存在显著差异。男生在获得助力、企业知识、创业机警性、创业信念上具有明显优势，女生较弱；大四学生的创业信念最弱。②除企业知识、顾客与市场知识这两个自变量外，其余自变量均对创业信念具有显著的正向影响。③创业机警性在创业社会资源和创业特别兴趣对创业信念的作用过程中，都表现为显著的中介作用[85]。

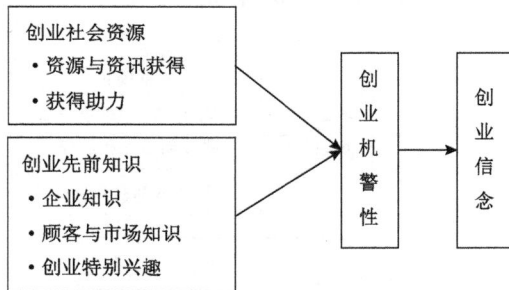

创业社会资源
•资源与资讯获得
•获得助力

创业先前知识
•企业知识
•顾客与市场知识
•创业特别兴趣

→ 创业机警性 → 创业信念

图 3-6　徐小洲和叶映华构建的创业信念影响因素模型

　　韩力争和傅宏的研究成果主要体现在大学生创业自我效能量表的开发上。他们借鉴前人的相关成果，确立了量表的开发原则及方法，再经过初稿、修改、筛选、定性和定量分析等过程，最终编制了大学生创业自我效能量表，该量表包含基本能力效能和控制效能两个分量表[86]。韩力争和傅宏进而以南京市四所高校的学生为样本，测量其创业自我效能状况，结果表明：①在整体上，大学生创业自我效能的水平不高；②在门类上，理科学生的信心程度显著低于文科学生；③在年级上，大三学生的信心程度和克服障碍因子显著高于大二学生[87]。

3.1.3　创业生态系统理论

1. 创业生态系统的内涵及构成

生态学意义上的生态系统原本指的是，在一定的时空范围内，生物之间、生物群落与环境之间，通过能量和物质的循环流动而构成的一个统一体。创业生态系统（entrepreneurship ecosystem），主要是应用生态系统的概念、方法和模型，研究创业活动与外部环境之间的相互作用关系。美国百森商学院的 Isenberg 教授在 2010 年首次提出这一概念，认为当创业者拥有所需的人力、资金和专家，并处于政策鼓励及保护环境中时，最容易获得成功[88]。从国内外学者的研究现状来看，创业生态系统的研究对象在宏观上可以是国家、城市或产业，在微观上可以是园区、大学或企业，涵盖的范围非常广泛；研究内容则主要集中在理论框架构建、构成要素识别及评价三个方面。

1）关于理论框架构建方面的研究

考夫曼基金会主席 Carl Schramm 在政府、大企业、联盟形成的工业三角基础上，发展出国家层面的美国创业系统剧场模型，如图 3-7 所示[89]。在美国创业型经济这场剧中，与美国经济发展密切相关的剧场有四个，即初创企业、大企业、政府和大学，它们分别对应着经济创业者、成熟大公司的创业者、政府创业者和创意/研究创业者四种类型。这四个剧场在创业型经济中发挥的作用不同，并通过四种不同的机制紧密地联系在一起、循环往复。

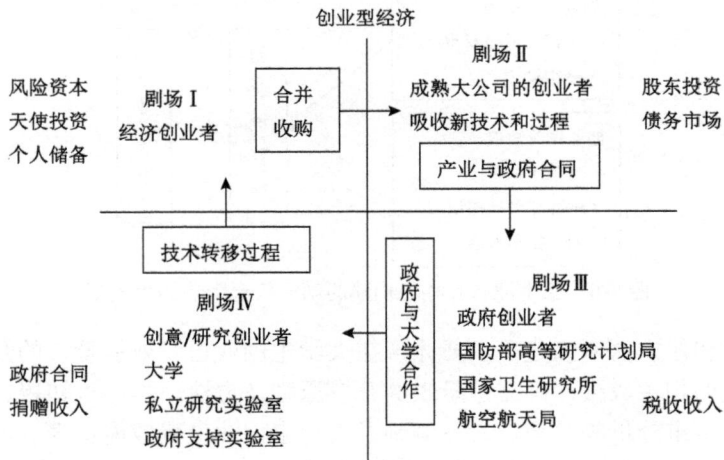

图 3-7　Schramm 提出的美国创业系统剧场模型

我国学者赵涛等认为，区域科技创业生态系统在特征上具有整体性、多样性、稳定性和自组织性；在功能上形成了动力机制、遗传机制、演进机制和反馈机制；

在结构上由科技创业生态群落和创业支撑环境两大部分构成，前者包括科研机构等七个机构，后者包括政策环境等五个环境，如图 3-8 所示[90]。

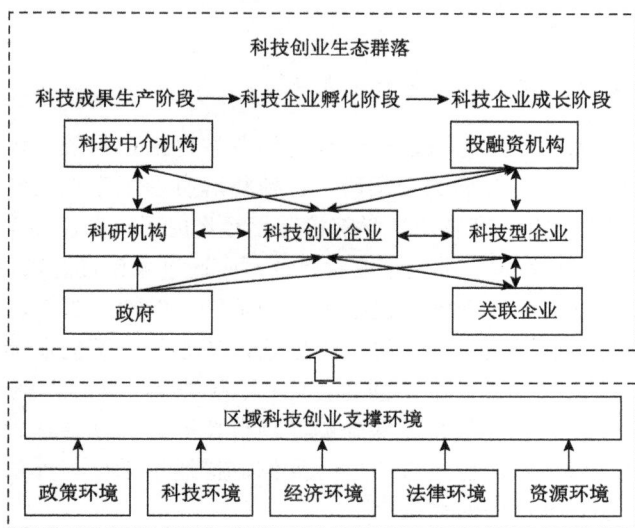

图 3-8　赵涛等提出的区域科技创业生态系统结构

2）关于构成要素识别方面的研究

这方面应当首推 Isenberg 教授的成果。他将上百个要素归纳为六个基本方面：促进创业的政策和领导、对风险投资有利的市场、高素质的人力资本、制度和基础设施体系的支撑、适宜的融资条件、有益的文化。Isenberg 教授认为，尽管创业生态系统的构成要素趋同，但是这些要素之间的作用关系却是高度复杂的，不同区域的创业生态系统由于根植性而各具特色[91]。为此，Isenberg 教授于 2011 年开始率领团队在世界范围内帮助构建具有当地特色的创业生态系统，以改善特定区域的创业环境和创业能力。Cohen 提出的构成要素比较突出机构间的网络关系，八个要素中有两个与此相关，这八个要素分别是：合作网络、政府机构、研究型大学、大型企业、非正式网络、专业服务、风险资本、人才池。他认为，正是这些要素的相互融合推动了创业生态系统的演进，进而产生了创业企业[92]。2013 年的达沃斯世界经济论坛，题为"关于世界和企业增长动力的创业生态系统"的报告，则突出了作为催化剂的大学、教育和培训这两个要素的重要作用，其归纳的另外六个要素分别是：开放的市场、人力资本、融资和金融、支撑体系、管理框架和基础设施、文化。

3）关于评价方面的研究

这方面的研究成果相对前两个方面较少。《2012 全球城市创业生态系统报告》所设计的评价指标具有相当的代表性。其八个方面的指标分别是：创业产出指数（startup output index）、风险资本指数（funding index）、公司业绩指数（company performance index)、心态指数(mindset index)、引领潮流指数(trendsetter index)、支撑指数(support index)、人才指数(talent index)、以硅谷为基准的差异性指数(differentiation index)[93]。

2. 创业生态系统理论在高校的应用

以高校为边界的创业生态系统就表现为创业教育生态系统。这一概念最初来自 Dunn 对麻省理工学院开展的个案研究。他将麻省理工学院的学生创业者与校外创业者进行对比后发现：麻省理工学院校园已经形成了一个由多个项目组织和创业中心构成的创业生态系统，学生创业者已经不必通过家族资源取得商业联系[94]。Brush 认为该系统以大学为基础，包括个人(学生、教师、员工、从业者和管理者)、组织(孵化器、研发中心)等多个要素，核心是内部创业活动、创业课程与合作课程、创业研究活动，外围是创业文化、资源、股东、基础设施等[95]。Carvalho 等认为，该系统由创业课程教育、课外创业项目拓展、辅助性基础设施这样三个维度构成。他以葡萄牙塞图巴尔理工学院为例，描述了学校与外部社区存在的网络关系在该系统发展过程中的作用[96]。

目前，国内外学者围绕创业教育生态系统陆续开展的研究，方法仍以案例研究为主，对象则主要是麻省理工学院、斯坦福大学等世界知名的创业型高校。我国学者刘林青等在 Dunn 的研究基础上进一步对麻省理工学院进行案例研究，认为麻省理工学院创业教育生态系统的演化动力主要来源于创业活动、学生社团、创业教育这三股力量的螺旋交互作用(图 3-9)；该系统在人员构成方面包括：网络组织者、创业活动中的专业分工与整合者、专业领域创新创业者、竞赛组织者、创业教育者[97]。

何郁冰和丁佳敏认为创业教育生态系统与自然生态系统类似，由"生产者"(创业教育课程体系、创业中心)、"分解者"(产业联络办公室、技术转移办公室)、"催化剂"(学生创业社团、创业辅导中心)和"消费者"(产业、投资人)等四个因子构成。并以斯坦福大学、慕尼黑工业大学、南洋理工大学为例，对比分析了三所高校在体验式教学、动态化网络组织、内外部互动机制、多维度支撑平台这四个方面的创业教育异同[98]。郑刚和郭艳婷借鉴斯坦福大学于 2012年发表的研究报告《影响：斯坦福大学通过创新和创业的经济影响》(*Impact: Stanford University's economic impact via innovation and entrepreneurship*)，从创业教育生态系统的视角总结了该校创业教育的特色和经验。并针对我国高校的创业教育状况，从战略定位、激励制度等方面提出了顶层设计的建议[99]。需要说明的是，上述报告来源于斯坦福大学于 2011 年开展的一次大规模创新创业调查，涉及20 世纪 30 年代至 2011 年健在的校友、在职教员和部分研究人员，主要描述了该校如何培养创业精神、校园环境如何促进创业精神和创造力、营造创业生态系统的最佳实践等内容。该校创业教育生态系统示意图如图 3-10 所示。

<table>
<tr><td rowspan="3">创
业
教
育</td><td>

理论与实践结合
- 创业实验
- 全球创业实验
- 十字路口公司
- 管理逆境
- 硅谷创业研究观光

</td><td>

创新教育
- 开发突破性产品
- 技术与创业战略
- 软件商业
- 能源领域的战略
机会

</td><td>

创业教育
- 创业中心开设的
聚焦于技术创业
的课程
- 创业辅导服务中心
的贴身创业辅导

</td></tr>
</table>

创业教育 / **创业活动** / **学生社团**

大学产业联系	创新活动	知识产权	商品化：创业
麻省理工学院企业论坛 产业联系计划 资本网络 Deshpande技术创新中心	产品开发创新中心 生物医药创新中心 数字商业中心 Deshpande技术创新 中心	技术转移办公室 莱姆尔森项目 Deshpande技术创 新中心	麻省理工学院创业 创业辅导服务中心 资本网络 Deshpande技术创新中心

创业社区
- 风险资本和私
人直接投资俱
乐部

麻省理工学院TechLink
- 创新俱乐部
- 能源俱乐部
- 技术与文化论坛

- 麻省理工学院10万美元创业大赛
- 全球创业工作坊
- 创业者俱乐部
- 创业社区
- 科学与工程商业俱乐部
- 风险资本和私人直接投
资俱乐部

基础性资源

麻省理工学院六大学院（斯隆管理学院、工程学院、人文及社会科学学院、自然科学学院、建筑及规划学院和维泰克健康科学技术学院），麻省理工学院研究实验室，麻省理工学院图书馆，等等

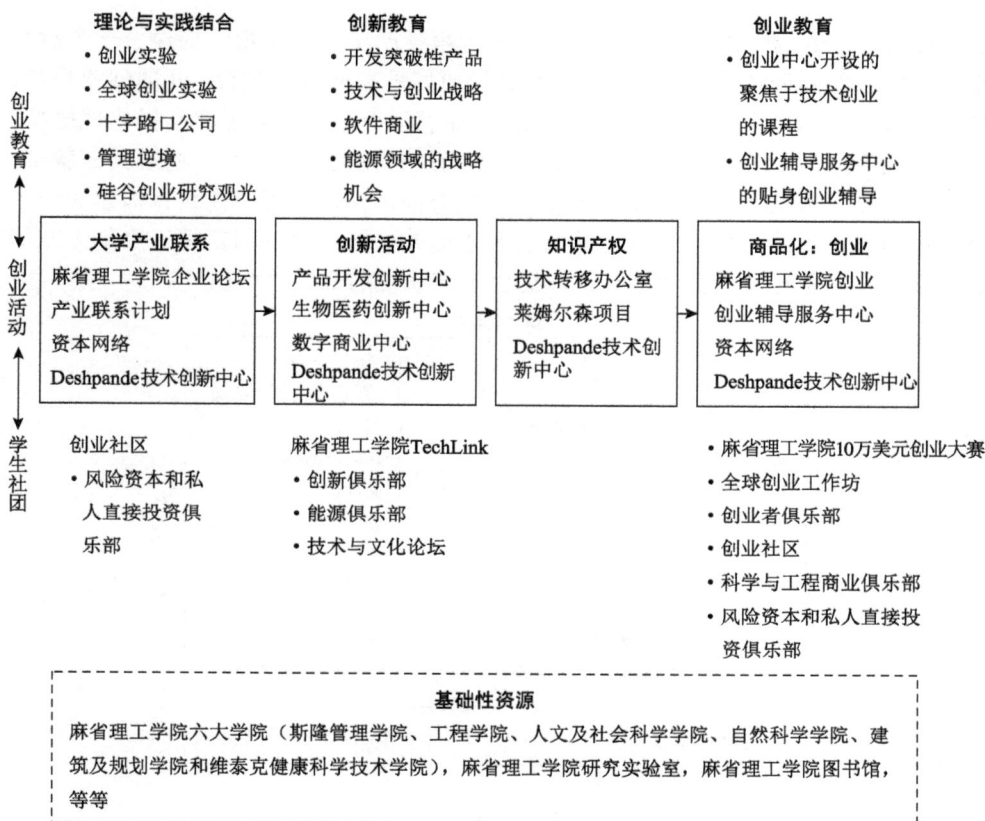

图 3-9　麻省理工学院创业教育生态系统示意图

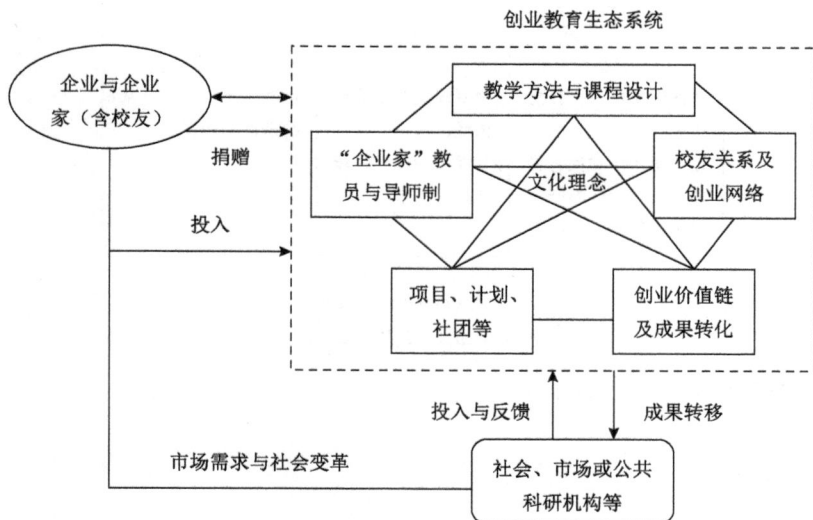

图 3-10　斯坦福大学创业教育生态系统示意图

　　此外，Cone 和 Magelli 基于"投入→过程→产出"的视角，构建了一个涵盖整个学校层面的创业教育生态系统，为高校更好地理解创业教育、开展创业教育、将创业教育与当代大学基本职能相互融合，提供了很好的认知思路和操作性框架，如图 3-11 所示[100]。该系统把创业型教师作为最初始的"投入"，通过其在教学、研究、服务/外延拓展活动三个高校基本职能方面的活动，将创业教育构建成一个受尊重的、可持续的学习领域，并通过人才培养、新知识、创新等三个基本职能的不同成果，强化发展创业型经济，这也是该系统的最终"产出"。

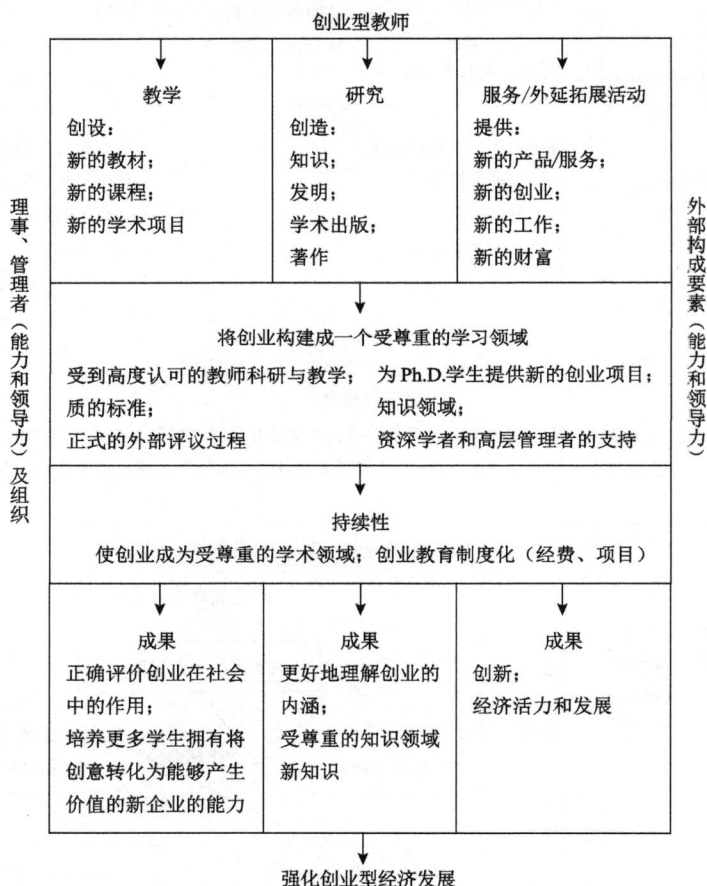

图 3-11　考夫曼基金会提出的创业教育生态系统

3.1.4　建构主义学习理论

1. 基本内涵

　　建构主义学习理论是 20 世纪 90 年代以来，在发达国家和地区广受推崇的一种教育思潮，现已成为发达国家和地区开展教育教学改革的基本导向之一。以世界教育强国——美国为例，该国的国家科学基金会（National Science Foundation）认为，其在 20 世纪 90 年代支持的数学和科学教育项目中，与建构主义存在关联的项目接近一半。1996 年，美国更是制定了以建构主义学习理论为导向的"国家科学教育标准"。在世界范围内，德国、中国台湾等国家和地区也纷纷以建构主义学习理论为指导思想和支撑方法，推进各阶段教育的改革与创新。

　　传统学习理论认为，知识不过是对外部客观世界的、类似于"照相机底片"式的被动反映；教学的目的就是使学生尽可能多地获得现实映象。遗憾的是，学习者对现实世界的认知从来都不符合这种单边、被动甚至有些一厢情愿的映象观点，因为这种观点完全忽视了现实世界的极端复杂性及学习者对外部世界选择的高度能动性。建构主义学习理论比传统理论前进了一大步。该理论的先驱、杰出的瑞士认知心理学家皮亚杰（J. Piaget）在研究儿童的认知发展后得出一个重要结论：知识并不是单独来自主体（儿童）或客体（周围环境）中的一方，而是在主、客体双向作用的过程中建构起来的。该结论被一再证实、补充和完善，从而形成了建构主义学习理论。其核心观点认为：①知识只是对现实世界的一种解释和假设，并不是现实世界的终极答案；随着人类的进步会出现新的解释和假设。②知识不能精确地概括现实世界的法则，而要针对具体情境进行再创造。③尽管知识被赋予了语言、符号等外在形式，但学习者可能会对其有不同的理解，因为这些理解是学习者基于特定情境下的学习历程、经验背景所建构的[101]。

　　传统教学与建构主义教学的差异如表 3-3 所示[102, 103]。

表 3-3　传统教学与建构主义教学的差异

	传统教学	建构主义教学
指导思想	以教师为中心，教师利用讲解、板书和各种媒体作为教学手段向学生传授知识；学生被动地接受教师传授的知识	以学生为中心，在整个教学过程中，教师起到组织者、指导者、帮助者和促进者的作用，利用情境、协作、会话等学习环境要素充分发挥学生的主动性、积极性和首创精神，使学生有效地实现对当前所学知识的意义建构
要素及关系	①教师是主动的施教者；②学生是外界刺激的被动接受者；③教材是教师向学生灌输的内容；④教学媒体是教师向学生灌输的手段	①学生是知识意义的主动建构者；②教师是意义建构的帮助者；③教材所提供的知识是学生主动建构意义的对象；④媒体是用来创设情境、进行协作学习和会话交流的工具
步骤及内容	①确定教学目标；②分析学习者的特征；③根据教学目标确定教学内容及顺序；④根据步骤②和③确定教学起点；⑤制定教学策略；⑥根据步骤①和③选择与设计教学媒体；⑦进行教学评价，根据评价得到的反馈信息做出修改或调整	①教学目标分析；②情境创设；③信息资源设计；④自主学习设计；⑤协作学习环境设计；⑥学习效果评价设计；⑦强化练习设计
典型教法	单纯讲授	支架式教学、抛锚式教学、随机进入式

2. 建构主义的学习环境和误区

按照该理论的上述核心观点，可以得出：学生学习能力的高低基本不取决于记忆和背诵的能力（映像），而是主要取决于根据经验对知识进行建构的能力（再创造）。学习不仅是理解新知识，更是分析、检验和批判新知识的过程。为此，教师在教学过程中要极力避免向学生传授抽象、教条的知识，更不能用个人和教材的权威来压服学生接受这些预先决定了的东西。学生对知识的接受应该是在一定的社会文化背景下，借助老师和学习伙伴的帮助，利用必要的学习资料，通过意义建构的方式完成的。为达到上述教学目的，建构主义的学习环境一般由情境、协作、会话和意义建构四个要素构成，前三个要素共同作用于第四个要素，如图3-12 所示。

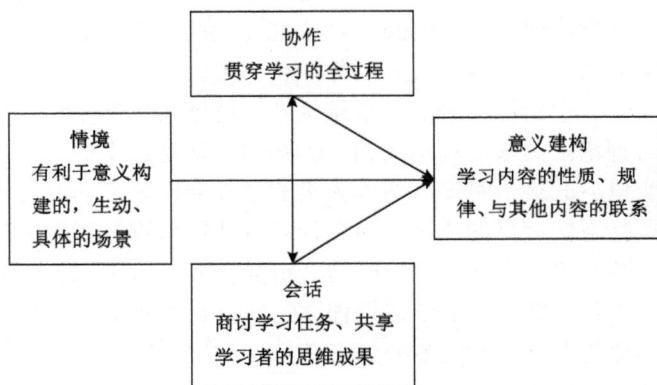

图 3-12　建构主义的学习环境

尽管建构主义教学对改革传统教学的弊端具有重大意义，但由于人们认识上的模糊性，在教学改革的实践中往往会出现一些误区，应该予以必要的澄清，这些对立主要表现为以下三点：①将建构主义教学方法与传统的课堂讲授相对立，认为前者是探究式教学，而后者是填鸭式教学；②将建构主义教学的情景化与基础科学的抽象化相对立，认为所有的教学活动都必须设置具体的教学情境；③将建构主义教学中的师生关系对立起来，认为以学生为中心就必须得放弃教师在教学活动中的主导作用[104]。这些实践中的误区实际上抛弃了传统教学中值得提倡的一些优良做法，在改革传统弊端的同时也滑向了新的弊端，不是真正意义上的建构主义教学。例如，教学活动中的师生关系应该是"双主导"，而不是单方面取消教师的作用，使学习变成一种无序、杂乱的行为，表面"热闹非凡"，实际"收获甚少"；训练学生的抽象思维对其日后创造性地从事数学、物理等基础科学研究具有相当重要的促进作用，当然抽象、具象两种思维方式能结合起来更好。

3.2　创业教育模式再造的顶层设计

3.2.1　创业型工科大学的新定位

1. 创业型大学的时代背景与影响因素

高校创业教育模式再造从根本上触动的是学校办学定位和教育理念转型这样的全局性、方向性的战略问题。如果高校仍然以产生于 19 世纪、大工业经济时代的传统认知去开展创业教育，以为在其日益僵化的教学"流水线"上通过增添几门"无关痛痒"的创业课程或举办几场"人声鼎沸"的创业竞赛，就能培养出 21世纪的创新创业型人才，那简直无异于"痴人说梦"。高校要想锻造出 21 世纪的人才，就需要有 21 世纪的"新工艺"。

1）创业型大学的时代背景

20 世纪下半叶以来，科学研究与技术创新的关系已经发生了以往任何时期都不曾有过的深刻变化。世界经济正走向以知识和信息的生产、分配与使用为基础的知识经济时代，而高等教育正在成为新经济增长的重要内生变量。美国普林斯顿大学的司托克斯（Donald Stokes）教授在其名著《基础科学与技术创新：巴斯德象限》中，从历史、现实和理论方面探讨了科学与技术的关系，提出了著名的"巴斯德象限"。他认为，如果用横、纵坐标轴分别代表研究的动机和知识的性质，那么就会在最常见的两种研究类型"玻尔象限"和"爱迪生象限"之外，出现一种新的研究类型——巴斯德象限，如图 3-13 所示[105]。巴斯德象限的重要之处就在于突出强调了应用导向的科学研究在知识经济时代的战略性地位。以人才培养、科学研究和社会服务为基本职能的高校，尤其是工科高校，必然成为知识经济时代技术创新，也就是巴斯德象限的重要支撑。以麻省理工学院为例，其校友企业创造的 GDP 总量甚至超过了某些中等发达国家的水平。

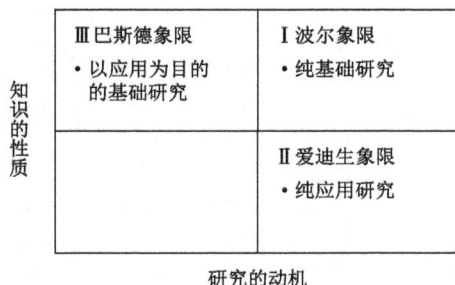

图 3-13　科学研究的象限模型

事实上，自 20 世纪 80 年代以来，随着世界范围内知识经济的不断加剧，实用主义价值观的大行其道，高校以往"象牙塔"式、"桃花源"式的传统办学方针已经逐渐让位于更加开放的、以促进创新创业为己任的新办学方针，并迅速在世界高等教育领域内演变为一种不可逆转的、波涛汹涌的革新大潮。大学新的办学方针让知识经济时代的受教育者充分感受到：学校的课程设置不再脱离实际，而是更加强调与社会需求的紧密结合，更加突出培养学生解决实际问题的能力；学校的发展不再排斥经济活动，而是更加强调直接参与技术转移和商业化活动，有效地推动区域经济发展。有鉴于此，美国著名学者伯顿·克拉克（Burton R. Clark）将这种伫立于世界高等教育改革潮头的、富有创业精神的大学称为"创业型大学"（entrepreneurial university）。考夫曼基金会副主任斯米勒更是对美国创业型大学的新范式进行了精辟的解读，构建了如图 3-14 所示的范式模型。该范式模型以大学的三个基本职能——教学、科研和社会服务为中心，环绕着内部驱动力、外部驱动力、支持系统、联系系统、内部成果和外部成果六个要素[106]。

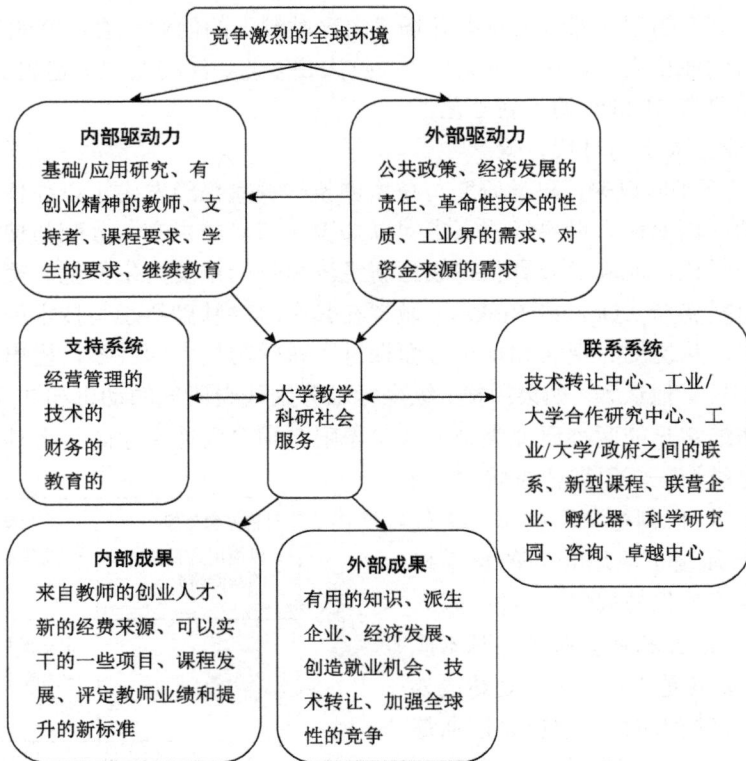

图 3-14　美国创业型大学范式

2）创业型大学定位的影响因素

就中国而言，当前工科高校面对经济新常态下"大众创业、万众创新"的新需求，能否持久、高效地开展创业教育，关键在于能否为大学注入创业精神，使之顺利转型为知识经济时代所呼唤的创业型大学。大学不仅培养和孕育创业者，大学自身也在进行创业，大学更是全社会创业生态系统的重要组成部分。因此，大学需要结合好当前的教育教学资源优势和外部环境条件，准确找到自身在创业生态系统中的位置，以发挥应有的功能。

综合考虑我国高校的实际情况，加上历史沿革的积累，教育教学资源状况可以用高校办学层次这一综合性指标来衡量，而外部环境条件则可以用区域创业环境这个综合性指标来衡量。这两个指标（影响因素）的相互作用结果，共同决定了工科高校在未来有可能建设成什么样的创业型大学。当然，必须要加以强调的是，世界高等教育和创业教育的历史经验都一再表明：只要定位准确、条件适宜，各种类型、各个层次的高校都可以培养出适应未来需求、高质量、高规格的创新创业型人才；这些高校也都有可能发展成具有世界意义的"一流"大学。因此，我国的工科高校完全可以根据自身的内外部条件，有的放矢地迈向各个层面、各具特色的创业型大学，而不必拘泥于某一种固定的定位，一刀切地成为某种形式的学校。创业型工科大学定位的影响因素模型如图 3-15 所示。

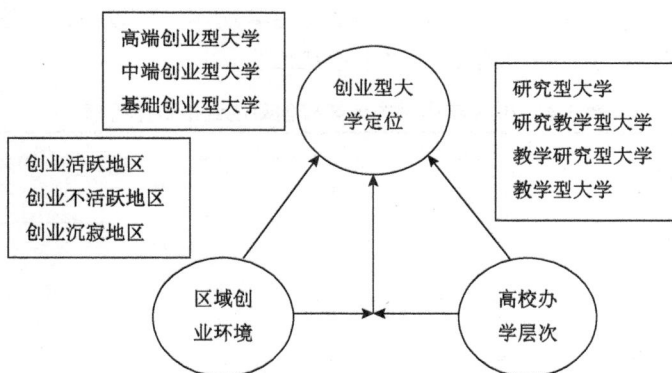

图 3-15　我国创业型工科大学定位的影响因素模型

2. 学校办学层次的影响

1）办学层次的划分标准

我国教育管理部门和有关学者因不同需求而对高校办学层次的划分标准各异。当前比较通行的标准是将高校划分为研究型、研究教学型、教学研究型、教学型四个层次。这种划分标准最主要的依据是在校研究生数占在校生总数的比例，该指标虽然比较单一、不甚全面，但是从人才培养的角度来看，仍然具有相当程度的合理性。因为研究生的主要学习任务和毕业标准就是从事各种课题研究并取得创新性成果，所以该指标的高低就可以反映出学校承担研究任务及取得研究成果的多寡，进而反映出学校的办学层次。

另外，从 20 世纪 90 年代以来，我国政府面向高等教育连续实行了"211 工程"①和"985 工程"②两个重大建设项目。虽然这两个项目在 2016 年已经被国家新实施的"世界一流大学、一流学科"建设③（简称"双一流"）所取代，但不可否认的是，由于"985 工程"和"211 工程"项目在政策、资金等方面对所扶持高校长时间的巨大倾斜，主观和客观上都起到了对我国高校进行整体分层的效果，影响甚为深远，分层后的高校已经具有相当程度的"马太效应"。

2）研究型工科大学

位于这个层次的高校最有可能发展成为高端创业型大学。我国的研究型大学相当于"985 工程"院校，具有深厚的历史积淀、雄厚的师资力量和强大的创新基础。这些高校的使命是为国家核心技术体系培养一流的创新型工程技术研发人才，学校以研究生教育为主，研究生数往往超过学生总数的一半，承担着国家大量重大及前沿性的工程技术研究，具有从事大型工程技术项目的研发手段和实验条件。2015 年，标准排名研究院从 314 所高校中遴选出中国内地高校创新创业百强名单，排名指标及排在前 10 位的高校如表 3-4 所示。可以看出，这些高校均为"985 工程"院校，且工科大学占了"半壁江山"。

表 3-4　2015 年中国内地高校创新创业指数排行榜

排名	学校名称	"挑战杯"中国大学生创业计划竞赛获奖数/个	中国专利奖获奖数/个	培养亿万富豪企业家数/人	国家级创新创业训练项目数/个
1	清华大学	22	38	132	101
2	浙江大学	12	14	85	155
3	华南理工大学	13	22	35	130
4	上海交通大学	19	13	34	100
5	北京大学	9	9	125	117
6	华中科技大学	11	5	26	61
7	四川大学	10	6	20	150
8	西安交通大学	10	12	18	135

① "211 工程"指为了面向 21 世纪，迎接世界新技术革命的挑战，中国政府集中中央、地方各方面的力量，重点建设 100 所左右的高等学校和一批重点学科、专业，使其达到世界一流大学的水平的建设工程。该工程是新中国成立以来国家正式立项在高等教育领域进行的规模最大的重点建设工程，共纳入 112 所高校。

② "985 工程"即"世界一流大学建设项目"。名称源自 1998 年 5 月 4 日，时任国家主席江泽民在北京大学百年校庆上建设世界一流大学的讲话。"985 工程"项目共纳入 39 所高校。

③ 2015 年 10 月 24 日，国务院印发《统筹推进世界一流大学和一流学科建设总体方案》，要求按照"四个全面"战略布局和党中央、国务院决策部署，坚持以中国特色、世界一流为核心，以立德树人为根本，以支撑创新驱动发展战略、服务经济社会发展为导向，坚持"以一流为目标、以学科为基础、以绩效为杠杆、以改革为动力"的基本原则，加快建成一批世界一流大学和一流学科。

续表

排名	学校名称	"挑战杯"中国大学生创业计划竞赛获奖数/个	中国专利奖获奖数/个	培养亿万富豪企业家数/人	国家级创新创业训练项目数/个
9	中山大学	9	5	38	127
10	复旦大学	9	3	62	115

资料来源：教育部官网、中国校友网及公开资料

注："挑战杯"中国大学生创业计划竞赛获奖数，榜单只取第一届（1999 年）到第九届（2014 年）银奖以上的总数额；中国专利奖获奖数，榜单只取专利金奖（统计时间为 1989～2014 年）和专利优秀奖总数（统计时间为 2000～2014 年）；培养亿万富豪企业家数，榜单只取富豪榜截至 2014 年年底的总数据；国家级创新创业训练项目数，榜单只取教育部 2014 年年底公布的数据。排名方法：四项指标分别对应创业能力、创新能力、创富能力、创培能力，以前三项为主要指数构成，创培能力作为辅助指标，以各高校各项在全国高校的排名加权得出最终的指数排名。发榜机构：标准排名研究院（www.biaozhun007.com）

研究型工科大学推进创业教育的技术路线如图 3-16 所示。该路线的主线有两条：一条是通过引导性的创业研究与创业教育，使基础研究与跨学科教育、工程教育、高新技术创业相结合；另一条是以促进高新技术成果转化为引擎，以高新技术创业项目的商品化和产业化为载体，进行高新技术的创新与创业活动。

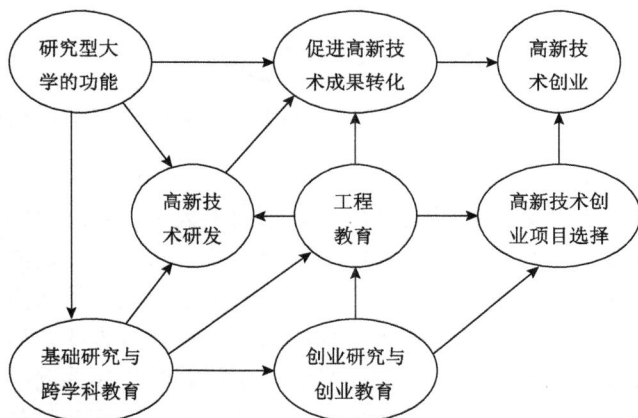

图 3-16　研究型工科大学推进创业教育的技术路线

3）研究教学型、教学研究型工科大学

位于这两个层次的高校最有可能成为中端创业型大学。研究教学型大学大体相当于"211 工程"院校，具有较好的工程技术研发条件，相当比例的学科具有博士点，研究生数占 35%～50%，承担着大量国家、地方的纵向科研课题，以及与企业合作的横向科研课题，拥有较强的研究生培养能力，侧重培养创新型工程技术研发人才。教学研究型大学更多的是省属重点大学或行业特色大学，以本科生培养为主、研究生培养为辅，若干学科拥有博士点，多数学科拥有硕士点，具有基本的工程技术研发条件，承担一定数量的科研课题，培养具有开发型、应用

型工程技术人才。由于"211 工程"院校布局等原因，教学研究型高校中的佼佼者并不逊色于"211 工程"院校，在上述的百强名单中，非"211 工程"的院校就有 29 所，所占比例接近 1/3。

研究教学型、教学研究型工科大学推进创业教育的技术路线如图 3-17 所示。该路线的主线有两条：一是以应用研究与成熟知识教育为起点，通过创业教育与创业实务支撑产品开发教育、优化应用型创业项目的选择；二是以助推区域经济发展为引擎，以应用型创业项目市场化运作为载体，进行创业实务教育。

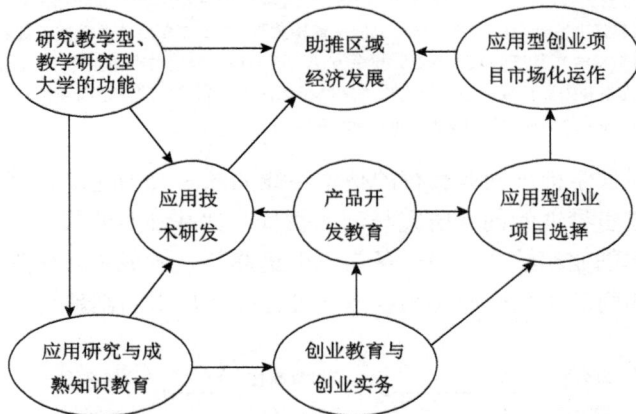

图 3-17　研究教学型、教学研究型工科大学推进创业教育的技术路线

4）教学型工科大学

位于该层次的高校最有可能发展成基础创业型大学。再细分的话，该层次的高校又可以分为本科教学型和专科教学型两种。前者的研究生数占 10%以下，具有用于工程教学的基础实验室和专业实验室，若干学科或有硕士点，承担着一定数量的以横向为主的科研课题，主要培养应用型工程技术人才。后者（包括职业技术院校）根本就没有研究生，拥有充足的用于培养学生实践动手能力的校内外工程训练中心和实践教学基地，承担着某些产品生产制造环节的任务，主要培养相关行业中满足职业岗位需要的技能型人才。

教学型工科大学推进创业教育的技术路线如图 3-18 所示。该路线的主线有两条：一是以专业基本知识与单项技术教育为起点，通过与职业领域的创业教育及实务相结合，培养学生创造职业岗位的相关能力，并激发其创业热情及潜力；二是以服务地方和繁荣社区为引擎，在职业领域的创业教育及实务的支撑下，实现实用型创业项目的优化选择及企业化。

需要说明的是，本书将四个层次的高校对口归入三类创业型大学的划分方式是相对的，而不是绝对的。在对应关系上必然会存在某些交叉、重叠甚至是跃迁的部分，毕竟现有的高校转为创业型大学不是一蹴而就的事情，需要长时间的

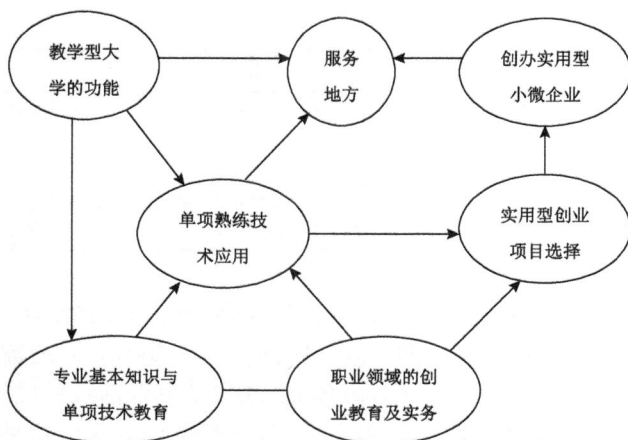

图 3-18　教学型工科大学推进创业教育的技术路线

积累，目前更多的还是一种愿景。对于某些基础扎实、条件适宜的研究教学型工科大学，只要其定位准确、创新进取，持续聚焦于培育具有企业家素养的工程创新人才，若干年后极有可能迈向高端创业型大学；而没有创业精神的高校，无论它当前属于哪个办学层次，终究无法发展成创业型大学。此外，有些高校的优势专业的办学水平非常明显地超出了学校的整体层次，那么这些专业的创业教育定位也应该相应地有所提高，不能所有的专业都一概而论，毕竟专业才是创业教育的真正承担主体，这也符合我国创建"双一流"的高等教育方针。

3. 区域创业环境的影响

区域创业环境是创业型大学定位的另一个重要影响因素，工科大学在开展创业教育的过程中必然会受到其所处创业环境的制约。

1）我国区域创业环境聚类分析

当前我国的创业活动在区域分布上相当不均衡，差异巨大。区域的位置、经济、历史、文化、社会等方面都会影响到创业活动，这些影响因素可以用一个综合指标来衡量，就是区域创业环境。表 3-5 归纳了学者们关于区域创业环境的代表性评价指标，从这些指标的内涵上看，国外的评价指标比较注重制度和文化，国内的评价指标则比较全面。

表 3-5　关于区域创业环境的代表性指标体系

学者	指标
Holtz 等[107]	①必要性环境要素：自然、技术、融资、人才。②支持性环境要素：制度、文化、社会资本
Shane[108]	①经济环境：收入、资本税、财产税、经济增长、社会财富、低通货膨胀率、稳定的经济条件。②政治环境：自由、法律、财产保护措施、地方分权。③社会文化环境：对创业的社会尊重、创业的压力、特定的文化信仰

续表

学者	指标
蔡莉等[109]	①教育、人才环境；②政策、法律环境；③市场环境；④金融环境；⑤科技环境；⑥社会服务环境；⑦文化环境
郭元源等[110]	①经济：经济效益、市场规模、经济结构、就业水平。②服务：政府服务、金融服务、其他服务。③科教：教育、科技。④文化：交往操守、创新精神、创业精神、重商氛围、赚钱欲望。⑤环境：地理环境、基础环境。⑥现有创业企业：人力资源、企业活力

在省级区域的层面，徐小洲等参照中国私人创业活动（China Private Entrepreneurship Activity，CPEA）指数及《全球创业观察中国报告（2007）》的数据将其创业活跃程度大致划分为三个层次，如图 3-19 所示。其中，创业活跃区以机会创业为主，创业不活跃区以生存创业为主，创业沉寂区以草根创业为主。这种区域创业环境的巨大反差，势必会在相当程度上直接影响到身处其中的大学生，对他们的创业热情、创业意向和创业行为产生正面或负面的作用，进而也会影响到高校尤其是与区域经济建设紧密联系的地方高校的定位。

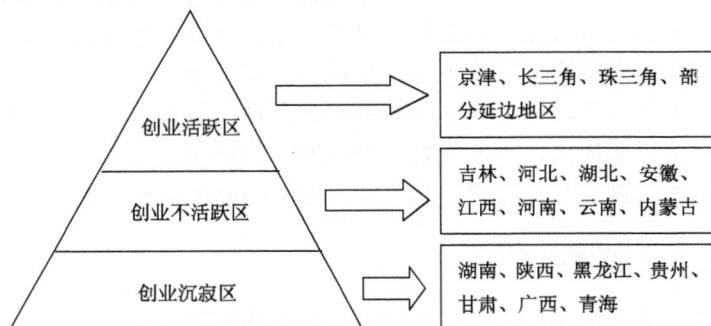

图 3-19　我国省级区域创业活跃程度聚类

现实中，由于我国经济、社会等各个方面发展的高度不均衡性，即使在某一省级区域内，各个城市之间的创业环境也存在着巨大的差异。以东北三省为例，其接近 90%的经济总量集中在沈阳、大连、长春和哈尔滨四个城市及周边经济带。因此，高校以其所处的城市创业环境为依据对其转型定位更具指导意义。郭元源等对我国部分城市创业环境的排名如表 3-6 所示[110]。排名前十位的城市均位于沿海发达地区，其中既包括北京、上海、广州、深圳四个一线大城市，也包括温州、宁波、佛山这样的创业文化底蕴深厚的中等规模城市。

表 3-6　中国部分城市创业环境排名

城市	综合	经济	服务	科教	文化	环境	现有创业企业
广州	1	3	1	3	3	4	17
温州	2	6	2	20	5	14	1

续表

城市	综合	经济	服务	科教	文化	环境	现有创业企业
北京	3	8	18	1	1	1	5
上海	4	1	6	2	8	2	13
杭州	5	2	3	7	17	11	3
深圳	6	7	12	11	2	5	9
宁波	7	14	4	12	12	13	2
东莞	8	5	7	15	15	3	15
苏州	9	15	5	9	7	10	10
佛山	10	13	8	19	6	18	12
南京	11	10	9	6	9	7	18
无锡	12	16	11	13	10	12	4
青岛	13	18	10	8	11	15	7
厦门	14	17	14	14	4	16	16
中山	15	9	15	18	16	17	14
大连	16	11	17	10	18	8	8
济南	17	12	16	4	19	19	11
珠海	18	4	13	17	14	6	20
常州	19	20	20	16	20	20	6
天津	20	19	19	5	13	9	19

2）与区域创业环境紧密结合的大学创业教育

以浙江省的两所极具地方特色的高校温州大学和义乌工商职业技术学院为例，分析区域创业环境对高校创业教育的影响。尽管这两所高校都不是工科大学，但它们与创业环境紧密结合的创业教育顶层设计、以创业教育引领工科专业改革的探索与尝试，都可以为同一层次的工科大学进行创业教育模式再造提供有价值的借鉴和重要参考。

（1）温州大学。自改革开放以来，温州市的民营经济蓬勃发展，发展水平始终走在全国最前列。长期以来，温州商人勇于冒险、白手起家、遍布世界，温州文化中积淀了深厚的创业基因。这种先天的创业环境优势为当地大学开展具有鲜明区域特色的创业教育奠定了必要的基础。温州大学从 2001 年开始开展创业教育，经过十余年的理论与实践探索，逐渐形成了以"岗位创业"为导向的创业教育体系，受到政府、高校同行、相关学者和媒体的广泛关注，先后 20 多次受邀参加全国会议做专题报告和经验推广，中央电视台、《人民日报》等各级媒体报道其创业教育事迹和活动 100 余次。温州大学的创业教育体系如图 3-20 所示。

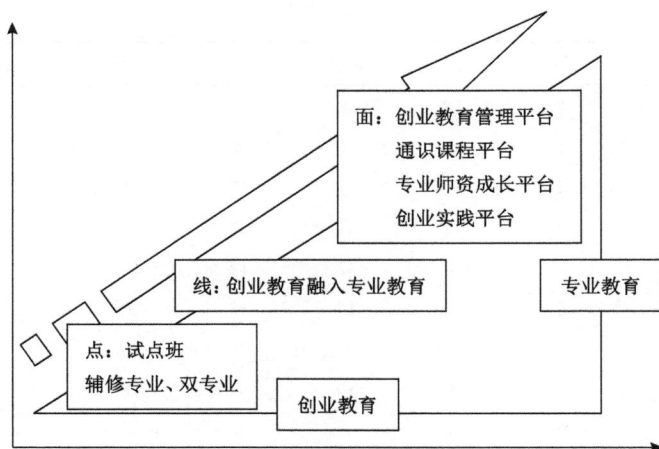

图 3-20　温州大学创业教育体系

　　该体系以"点→线→面"逐层递进，注重顶层设计与整体推进的有效结合，从通识课程体系、人才培养模式、专业教育融合、实践基地、运行机制、专业化师资等六个方面进行改革探索[111]。例如，在"点"的方面，辅修专业的先锋试点班以"岗位创业的认知、训练和实习"为主线，强化培养岗位创业能力。在"线"的方面，创业教育与专业教育融合改革实验区涉及理工、艺术、文科 3 个门类的 12 个专业，其中一半是机械工程及自动化、网络工程等理工类专业。在"面"的方面，开设了一批充分反映温州特色的通识课程，如"温州模式与温州企业家精神""温州经济概论""温州企业营销专题"等。与"点→线→面"相对应，温州大学形成了"创业工作室→学院创业中心→学校创业园"的企业孵化体系，并与红蜻蜓、新湖、奥康等知名集团公司合作办学，使学生能够以各种岗位助理的形式到企业进行为期两个月的岗位创业实习[112]。

　　温州大学虽然仅是一所地方综合性大学，并没有被纳入"211 工程"和"985工程"建设中去，但其依托温州独特的创业环境及文化，在温州创业环境及文化的长期熏陶、浸染中完全有可能发展成一所有作为的中端创业型大学，通过输出大量的创新创业型人才为温州的社会经济发展做出应有的贡献。

　　（2）义乌工商职业技术学院。义乌是全球最大的小商品集散中心，是中国最富有的县级市之一。义乌工商职业技术学院紧密结合义乌这座国际商贸流通城市的创业环境，积极推进以"电子商务创业"为特色的创业教育，由于效果突出，获得了"全球最佳网商摇篮"的称号，并被浙江省确定为"创业型试点高校"。

　　该校为培养商务型、技能型和创业型的电子商务人才，在全国率先成立创业学院及电子商务创业班。创业班的学生以创业项目代替相关学分；学校以创业园为平台，为电子商务创业提供网络、仓储、物流支撑；该校方圆 5000 米的范围内更是集聚了 400 余家专业配送公司、近百家网络批发公司和万家电商。这些都使在校生的创业活动"生龙活虎"，大学生创业率位居全国高校前列，产生了一大批成功的创业典型，有的学生毕业前已是"身价百万"[113]。为提升学生的创业实践能力，电子商务专业在课程实训、生产/管理实习、创业教育实践等环节（不含毕业实习与毕业论文）就设置了 30 学分，实践教学计划如表 3-7 所示。产品造型专业则依托以小商品创意设计研发为主题的义乌创意园，通过校企合作、师生共创工作室、承接企业难题、班级公司化等实现上述目标[114]。

表 3-7　义乌工商职业技术学院电子商务专业实践教学计划

课程名称	学分	考核方式	学期分配周学时数					
			一	二	三	四	五	六
数据库应用实训	3	查			3 周			
网页设计与网站管理项目实训	4	查			4 周			
Visual Basic 程序设计项目实训	2	查				2 周		
物流管理项目实训	2	查				2 周		
电子商务认知实训	1	查	1 周					
计算机商务应用实训	2	查		2 周				
网络语言技能实训	2	查		2 周				
电子商务网站建设综合实训	1	查			1 周			
助理电子商务师考证	2	查				2 周		
淘宝技能实训	2	查				2 周		
消费者行为研究实训	1	查					1 周	
毕业实习与论文	16	查						16 周
高校创业教育实践	4	查			4 周			
生产实习	2	查				2 周		
管理实习	2	查					2 周	

义乌工商职业技术学院依托义乌市独特的创业环境，极大地推进了大学生创业教育及创业活动，但它还不是一所真正意义上的创业型大学。该校如果在未来能够以创业教育为支点撬动整个学校实现"创业型"的运行机制，那么它就完全有可能发展成一所非常优秀的基础创业型大学。

3.2.2　创业教育对象的分类培养

美国内华达大学里诺校区的两位工科教授 Wang 和 Kleppe 调研后认为，真正有资质、有条件实现成功创业的人口比例极低，大多数工科学生都不会成为创业者。尽管有的学生会提出创业意愿，但考察后发现其个人性格、心理气质、准备模式等都不适合创业[115]。因此，高校开展创业教育非常有必要根据学生的需求及意愿将其划分为不同的子群，有针对性地设计教学目标、教学过程和教学内容，使创业教育在学生各取所需的基础上实现帕累托效应。创业教育对象分类培养的思路类似于市场营销学中的"市场细分→目标市场选择"，这既是对创业教育资源配置的精准投放，以避免资源使用上的极大浪费，更是对学生创业潜质及能力的深入挖掘，非常有利于高校构建出创业教育模式上的特色和优势。

关于创业教育对象的分类，可以从目标维、层次维和专业维三个方面进行。其中，目标维是根据培养目标的差异化来培养不同需求的学生；层次维是根据学习阶段的差异化来培养不同需求的学生；专业维是根据专业背景的差异化来培养不同需求的学生。三个维度的交集就是创业教育对象的目标学生群体。

1. 基于目标维的创业教育对象

这个维度的基础实际上是"创业"这一概念的内涵和外延在创业教育领域的具体展现。Hytti 和 O'Gorman 在系统梳理欧洲 50 个创业教育项目的基础上，将创业教育的目标归纳为三类：学习理解创业、学习成为创业型人才、学习成为创业者。其中，"学习理解创业"主要是帮助学生了解什么是创业，尤其理解创业者及创业活动在现代经济和社会中的作用。对于工科大学来讲，就是使工程师更好地理解商业世界。"学习成为创业型人才"主要是帮助学生采用更为创业型的方式对待工作和生活，学会以积极、主动、负责任的态度来对待自己的学习、事业和生活。"学习成为创业者"主要是帮助学生学习创办企业，掌握创业过程中的各种技能，学会管理新企业[116]。Hytti 和 O'Gorman 的划分视角比较符合市场对不同类型创业型人才的能力要求。

考夫曼基金会副主席 Kourilsky 通过对创业市场的长期调研，指出创业活动的顺利开展需要三类人群的支持：一是需要首创者的冒险精神，他们可以在技术或市场不确定的情况下发现机会，但是这类人在社会上占少数；二是需要创业团队成员的创业行为；三是需要整个社会认同创业的信念、承诺和价值观，对创业活动提供大范围的支持，这类人在社会上占多数[117]。从目标维的角度来讲，创业教育的对象自上向下构成了一个金字塔形的结构，首创者占据金字塔的最顶层、支持创业的社会大众居于金字塔的最底层。因此，Hytti 和 O'Gorman 两位学者的观点与 Kourilsky 的观点是相通的，只有更多的人理解创业才能推进全社会形成创业文化和创业氛围，进而孕育出更多的创业型人才和首创者，如图 3-21 所示。

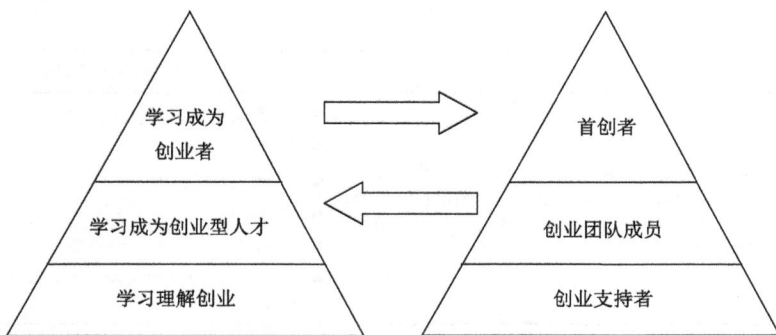

图 3-21　创业教育对象培养的金字塔模型

2. 基于层次维的创业教育对象

我国的学历教育分为专科生、本科生和研究生三个层次。因此，面向不同学历层次的创业教育项目，要充分结合该层次学生的特点。有些高校的创业教育资源非常丰富，可以开展从本科生到博士生的系统教育，甚至可以创建创业学专业或创业学科（方向），进行专门的创业人才培养；有些高校的创业教育资源有限，就要侧重于本科生或者研究生一个层次的创业教育。从创业教育的历史起源来看，创业教育诞生于 MBA 教育，进而再扩散到其他层次的学历教育；而且学生参加创业教育的形式多种多样，可以是主修，可以是辅修，还可以是结业证书。从创业教育的结果看，研究生毕业后往往以高科技创业（自然科学或工程领域的学生）或知识创业（社会科学和企业管理领域的学生）为主；本科生的创业则主要集中在"生活方式"或"兴趣爱好"类。世界经济合作与发展组织（Organisation for Economic Co-operation and Development，OECD）总结的美国高校本科生与研究生阶段创业教育项目的区别如表 3-8 所示[118]。

表 3-8　美国高校本科生与研究生创业教育项目的区别

	本科生创业教育项目	研究生创业教育项目
关键前提	● 学生可能会到其他机构工作，只有很少比例的学生会真正创办企业 ● 大部分由本科生创办的企业往往与学生的生活方式或兴趣爱好相联系	● 研究生比本科生更有可能拥有和管理一个专业化的创业实践
目标	● 培养学生建立创业重要性的意识 ● 帮助学生了解自身的长处和短处，从而挖掘自己作为企业家的潜能 ● 为学生定义和评估创业机会提供框架 ● 发展基本的创业技能 ● 理解创业各个阶段的各种挑战 ● 改善学生网络关系	● 培养学生将创意转化为创业实践的技能 ● 改善学生领导一个企业的技能 ● 改善学生组建一个有效管理团队的技能

	本科生创业教育项目	研究生创业教育项目
首选的教学方法	● 本科生课程更注重实践导向，教学方法包括案例教学、创业计划准备、角色扮演、邀请企业家演讲、参观企业、参观科技园、创业模拟等	● 开发新案例 ● 学习创业理论 ● 创业计划竞赛 ● 实习 ● 由大学组织的咨询安排 ● 更多使用技术手段，促使学习和经验分享更为便利
机会	● 跨学科合作 ● 从企业家处筹款	● 专业化（如高科技创业、社会创业等） ● 作为创业者或者在企业就职的生涯
挑战	● 学生缺乏经验 ● 聚焦于生活方式或兴趣爱好的创业	● 研究生需要掌握哪些独特技能，今后的职业生涯如何规划 ● 在传统的 MBA 培训和体验式学习之间保持有效的平衡

3. 基于专业维的创业教育对象

专业维是目标维和层次维的承接载体。就文科、理工科的大类来讲，由于文科和理工科学生的知识储备不同、解决问题的方法论不同，其创业思维也会存在巨大差异，落实在面对创业机会所提供的对策方案上也大不相同，如表 3-9 所示。以生活中的一个常见问题——打车难为例，公众的解决对策比较直接，一般是少打车，多乘坐公共交通；如果以此为创业机会进行创业的话，那么文科学生的创业对策可能更多的是怎样开办一家出租车公司，理工科学生的创业对策可能更多的是怎样研发及销售一款打车软件。因此，高校开展创业教育要充分考虑到学生的专业背景，有效推动创业思维和专业思维的融合。

表 3-9 文科、理工科学生创业思维差异示例

生活中的问题	土豆难收获	打车难	路盲，迷路了	室内蚊蝇多	做饭、做菜太辛苦
社会公众对策	雇人收	乘公交 乘地铁	问路	蚊帐 苍蝇拍	叫外卖
文科学生对策	农业服务劳务公司	出租公司	引路	蚊帐 苍蝇拍	送餐公司
理工科学生对策	土豆收获机	打车软件	GPS 定位仪 自动导航仪	化学驱蚊剂 电子灭蝇灯	电饭煲 懒汉锅

注：GPS—global positioning system，全球定位系统

如果从产业转型升级的角度来看待相关专业的创业教育对象，那么高校可以根据产业机会窗口所处阶段的不同来培养学生的创业能力。以移动互联网、节能环保、新材料、生产性服务业等新兴产业为例，由于这些产业的机会窗口目前还

处于敞开状态且伴随着产业的高成长性还将继续维持一个时期，产业内部的竞争格局总体上仍然处于竞争并不十分剧烈的"蓝海"阶段，所以这种趋势型的创业机会使得创业者开展创新与创业活动的门槛相对较低、成功率相对较高。对于高校来说，创业教育应该优先培养与这些新兴产业密切相关的专业的学生的创新与创业能力，使其能在专业知识和创业能力结合的过程中迅速捕捉到这种趋势并转化为现实生产力。此外，创业教育也要大力培养与区域特色优势产业关联度高的专业的学生的创新与创业能力，使学生能够依托区域创业环境迅速开展创新与创业活动，减少创新与创业活动的试错次数和试错成本。

专业对于创业教育对象的培养定位可以通过学校定位、专业需求、专业优势、产业支撑四个步骤进行，具体流程如图 3-22 所示。

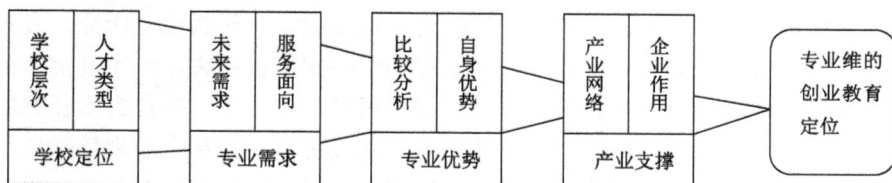

图 3-22　专业维的创业教育定位过程

（1）学校定位。根据高校迈向创业型工科大学的办学定位，从大的方向上确定学校创业教育对象的目标和层次。

（2）专业需求。根据学校的办学定位，结合本专业人才的产业未来需求进一步明确本专业学生在创业教育的目标、层次、能力及其他方面的要求。

（3）专业优势。在专业需求的基础上，通过对相同或相近专业的比较分析，结合自身的培养优势再进一步明确创业教育对象的培养定位。

（4）产业支撑。根据本专业融入产业网络情况，尤其是校企合作在创业教育中所能发挥作用的大小，最终确定创业教育对象的培养定位。

综上所述，工科大学创业教育对象的分类框架如图 3-23 所示。

3.2.3　创业教育与工程教育的融合

1. 与卓越工程师教育相融合

作为国家中长期教育规划的重要支撑，"卓越计划"是我国从高等教育大国走向强国之路的一项具有引领性、突破性、创新性

图 3-23　创业教育对象分类培养的总体框架

和示范性的全国性重大教育教学改革项目。该计划启动于 2010 年，在国家层面，教育部相继批准了 194 所高校进行专业试点；在省级层面，大多数省份也启动了相应的省级计划。该计划的三个突出特点是：①学校按通用标准和行业标准培养工程人才；②强化培养学生的工程能力和创新能力；③行业企业深度参与学生的培养过程。正是由于这三个特点，卓越工程师教育与高校创业教育在人才培养理念和实施方案的诸多方面才可以很好地契合。

　　由于工程链大致可以分为研发、设计、生产和服务四个环节，工科大学人才培养的具体目标就可以落实为与上述四个环节相对应的合格的、高水平的工程师。而且不同办学层次的工科大学在这四种类型工程师的培养规格上也有所不同，如图 3-24 所示。尽管各个工科大学培养工程师的类型不同，但不论哪种类型的工程师都应该具备必要的协调、沟通、组织能力，以及团队合作意识。因此，高校创业教育的人才培养理念完全可以融入到工程师培养的流程中去，为不同类型的工程师培养提供有效支撑。此外，"卓越计划"对学生综合素质和社会责任感的培养也是创业教育理念的一种体现。该计划可以通过社会实践和企业现场锻炼等多种方式，反复磨炼学生的创业心理素质，使其形成坚韧不屈、百折不挠、勇于担当的创业品格，最终内化上升为更为深层次的创业精神。

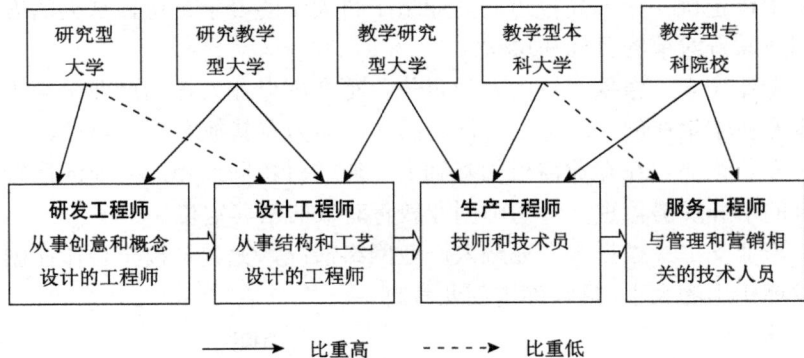

图 3-24　基于工程链的高等工程人才培养定位

2. 与工程教育专业认证相融合

　　始于美国的工程教育专业认证体系迄今已有 80 多年的历史。进入 21 世纪，美国工程与技术鉴定委员会（Accreditation Board for Engineering and Technology，ABET）在该领域正式实施了积极、深刻的工科标准 2000（以下简称 EC2000）。该评估标准的特色主要体现在以下四个方面：①在评估思路上，EC2000 一改以往注重"投入导向"的输入性评估，大刀阔斧地将其改革为"产出导向"的输出性评估；②在评估理念上，EC2000 秉持"自我持续改进"的观点，工程教育专业认证的核心已经从"专业结果"转向"学生学习结果"；③在评估内容上，EC2000 的评估指标由通用标准和专业标准两部分构成，前者是各个工程专业都需要达到的标准，后者则是某工程专业需要达到的独有标准；④在评估对象上，EC2000 的所有评估内容都面向某工程专业的全体学生而非少数精英学生。这意味着 EC2000 是专业认证所要达到的最低标准，而不是"高标准、严要求"[119]。

我国借鉴美国 EC2000 体系制定自己的评估标准，从 2006 年开启试点至今，已在机械等 14 个专业类别开展了认证。我国的标准由通用标准和补充标准两部分构成。通用标准的"产出导向"以"毕业要求"为主要评估内容，涉及以下 12 个方面的内容：工程知识、问题分析、设计/开发解决方案、研究、使用现代工具、工程与社会、环境和可持续发展、职业规范、个人与团队、沟通、项目管理、终身学习。补充标准则对具体专业规定了更为详细的要求。以机械类专业为例，补充标准进一步明确了相关专业在课程体系、师资队伍和支持条件方面的标准。例如，1.3 专业基础类课程，要求机械工程专业应包含管理科学基础的知识领域，汽车服务工程专业应包含汽车服务、营销、保险的知识领域。

从某种意义上讲，我国"工程教育专业认证标准"的出台，乃至加入"华盛顿协议"的重大举措，已经对高校提升本科工程教育质量形成了具有高压态势的"倒逼机制"。由于专业认证标准是面向全体学生的最低标准，那些没有通过评估的专业，就意味着其办学水平很低。而认证中的某些指标，如通用标准中的个人与团队、沟通、项目管理，补充标准中的创新思维、实践能力、团队精神，都完全属于创业教育的范畴。在专业认证的驱动下，创业教育的理念及优势不但可以有效地融入到工程专业中去，而且在某些方面可以引领工程专业逐渐形成自身的特色，从而为其开展创业教育提供持续动力。为此，工程专业应该积极与创业教育专家合作，联合制定面向"工程教育专业认证标准"的创新创业型人才培养目标及方案，有的放矢地通过创业教育达到专业认证所需的素质和能力要求。

3. 与校企合作基地建设相融合

无论是德国的"双元制"教育，还是英国的"三明治"教育，世界各国的高校普遍采用与企业合作的方式来培养工程技术人才，借助企业的力量来弥补学校自身在实践教育和职业训练方面的诸多不足。因为在市场经济中，只有企业才有动力成为真正的技术创新主体，所以高校对于创新创业型人才的培养就必须依托于企业的具体情境，否则，支撑这些培养目标的各个实践教学环节就会在很大程度上流于形式。实际上，国内外的成功创业者大多有在相关行业企业实习或者工作的经历，如苹果公司的创建者史蒂夫·乔布斯从中学起就和久负盛名的惠普公司有所关联，创建苹果公司时虽然年纪轻轻，但实际上已在硅谷独特的创业环境中摸爬滚打多年，积累了异常丰富的个人经验。已有的研究成果也表明，创业者的行业经验和创业经验对新技术企业的生存绩效和成长绩效具有直接的、显著的促进作用，职能经验则不显著[120]。

高校与行业企业共同建立起来的联系紧密、优势互补、合作双赢的实习实训基地，正是这样一种"企业"或"准企业"情境，为创业教育与工程实训的有机结合提供了极为广阔的支撑平台和用武之地。在校企合作的框架内，校企双方可以围绕某个产品、服务、业务或流程的研发、设计、生产、销售等环节开展教学与科研活动，在建构主义学习理论的指导下直接培养大学生的创新思维和创造能力。大学生在科研成果直接转化为现实生产力的过程中，不仅切实提高了自身提出问题、分析问题、解决问题的能力，而且提高了团队合作精神，提高了市场意识。更为重要的是，这种将知识直接转化为问题解决方案、转化为创新创业行动、转化为企业价值的真实体验，将会强烈地激发学生们的创业意识、愿望及行为。大学生如果可以深入接触并参与到行业企业运营的方方面面，必将大幅度地提升其关于企业日常经营、市场开拓、财务、法律等创业企业管理方面的基本业务技能，为其日后的创新与创业实践做好必要的知识和能力储备。

3.3　工科大学创业教育模式再造模型

综上所述，本书构建了如图 3-25 所示的理论模型。从上往下看，该模型的结构可以分为三个层次，体现了一种层层相扣的支撑关系。第一个层次是定位层，即高校对高端型、中端型和基础型创业大学的定位选择；第二个层次是操作层，包括学校创业教育对象的确定、创业课程体系的设计、创业教学方法的开发三个方面，相互制约、相互依托；第三个层次是保障层，包括创业教育评价、师资团队供给和资源整合三个支撑性的策略。从左向右看，该模型的结构也可以分为三个层次，体现了一种输入、输出的转化关系。第一层次是输入层，包括创业教育主体、客体、途径、制度四个核心要素；第二层次是过程层，即大学生围绕四个输入性要素对创业知识、能力和精神进行自主建构的实现过程；第三个层次是输出层，即大学生自主建构的内化结果表现为端正创业态度、加强创业能力和提升创业精神，这些当然也应该是创业教育所应完成的既定目标。

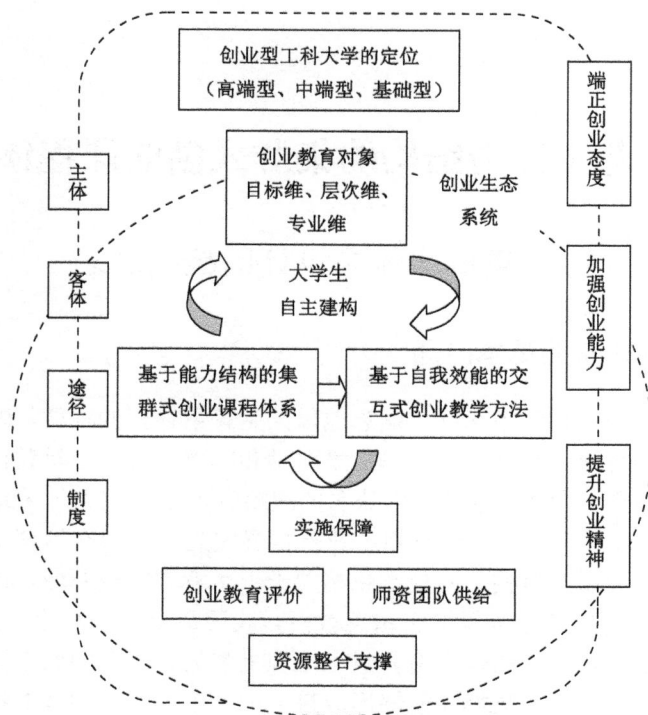

图 3-25　工科大学创业教育模式再造模型

第4章 基于能力结构的集群式创业课程体系设计

4.1 集群式体系设计的核心理念

4.1.1 集群式体系的基本内涵

集群的本意是生物学中在同一栖息地以共生关系存在的种群，随后这一概念被广泛借用于经济学、管理学、信息技术科学和军事学等多个学科门类，并衍生了相应的理论成果。例如，哈佛大学著名的战略管理学者迈克尔·波特（Michael E. Porter）在研究国家竞争优势时将产业集群界定为：一组在地理上靠近的、相互联系的公司和关联的机构，同处于或相关于一个特定产业领域，因共性和互补性而联系在一起[121]。北京大学的王缉慈教授是我国最早研究产业集群的学者，她认为，正是由于产业集群的行为主体具有地理上邻近、产业间联系、相互合作与互动这样三个典型特征，集群才能够形成持久的竞争优势。图 4-1 描绘了一个典型的机械产业集群中相关产业活动的本地联系，集群围绕产品形成了紧密的本地水平联系、前向联系、后向联系，并有多个相关机构对它提供支持[122]。

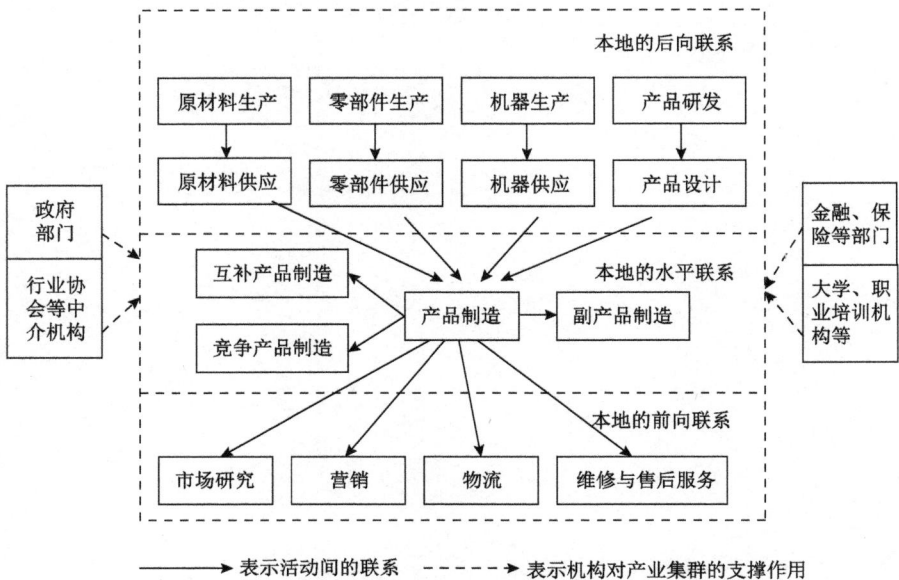

图 4-1 机械产业集群中相关产业活动的本地联系

借用集群有关定义并整合广义创业教育本质要求，本书将集群式体系的内涵界定为：以培养面向未来产业发展、具有开拓精神和变革能力的创新创业型人才为目标和逻辑主线，以相关课程及资源的共生互补、相互联系、相互支撑为特征的一个紧密课程集合体。高校创业教育具有与生俱来的跨学科、综合性、实践性的复合价值取向，不同于传统专业教育以培养专业能力为核心的单一价值取向，因此传统的分段式、平台式课程体系从本质上都无法满足创业教育多元价值整合的内在诉求。而集群式体系既符合创业教育发展趋势，又能够立足于学校自身特点，可以成为一种实施全校性、立体化创业教育的理想载体。

4.1.2　集群式体系设计的总体思路

集群式体系构建的总体思路是：高校根据自身教育教学资源特点和优势，因地制宜地进行"架构设计—演进路径—运行策略"三个要素之间的动态匹配以实现不同阶段的创业教育目标，如图 4-2 所示。其中，架构设计解决的是创业教育课程体系的结构及其内部相互作用的关系；演进路径解决的是通过什么样的课程设置来实现相应的架构；运行策略解决的是如何为相应的架构提供保障。

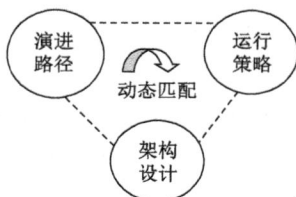

图 4-2　集群式体系设计总体思路

4.1.3　集群式体系设计的基本原则

（1）系统性原则。集群式体系要紧紧围绕学校人才培养总体定位进行构建，使创业教育课程体系及相关教育教学资源的配置在学校内部能够真正形成循序渐进、一以贯之、协同发展的良好局面。

（2）根植性原则。集群式体系既要构建起自身循序渐进的纵向结构，又要在横向上与专业教育课程体系融会贯通，以纵向和横向交互的网状结构内嵌于学校主流课程体系之内。

（3）模块化原则。集群式体系要满足面向学校不同专业、不同层次、不同背景学生的创业普及化教育和创业精英化教育。设置相应的课程元模块及子模块，并通过课程子模块的灵活组合与更替、开设形式的灵活安排达到培养要求。

（4）实践性原则。集群式体系要充分突出高校创业教育的实践性特征，加大实践类课程和理论课程实践环节的比重，使学生以"做中学"的实践方式更好地掌握创业知识和能力，端正创业态度，提升创业精神。

（5）动态性原则。集群式体系要能够面向全球产业技术革命方兴未艾、创新型国家建设、新业态层出不穷等新环境、新需求的变化，适时地更新具有鲜明时代特征的课程子模块、教育内容及教学方法。

（6）开放性原则。集群式体系要充分整合高校内部和外部的创业教育资源，通过与其他高校、科技企业孵化器、高科技园区及行业企业等社会创业资源的全方位互动，以及最大程度的对接，支撑学校创业教育的可持续发展。

4.2　集群式体系三要素的相互支撑

4.2.1　集群式体系的总体架构

1. 整体框架解析

根据上述构建原则及创业能力构成，集群式体系的总体框架可以称为"1-3-3"结构[123]。其中，"1"代表全校性的创业课程体系；第一个"3"代表三个固定的课程元模块，即通识类创业课、专业类创业课和实践类创业课；第二个"3"代表三个课程元模块之间的能力界面，包括方法能力与专业能力界面、专业能力与实践能力界面、方法能力与实践能力界面。集群式体系总体框架的目标是：通过课程元模块及子模块间的协同作用支撑大学生进行阶梯式和全程式的创业学习，最终实现创业教育的帕累托效应；使具备特殊创业天赋的学生脱颖而出，使不具备特殊创业天赋的学生成为潜在的优秀创业者，使不适合创业的学生能够更加明确未来的职业发展定位，从而在整体上提升全校大学生的创业精神、创业品格和创业能力。集群式体系的总体框架如图4-3所示。

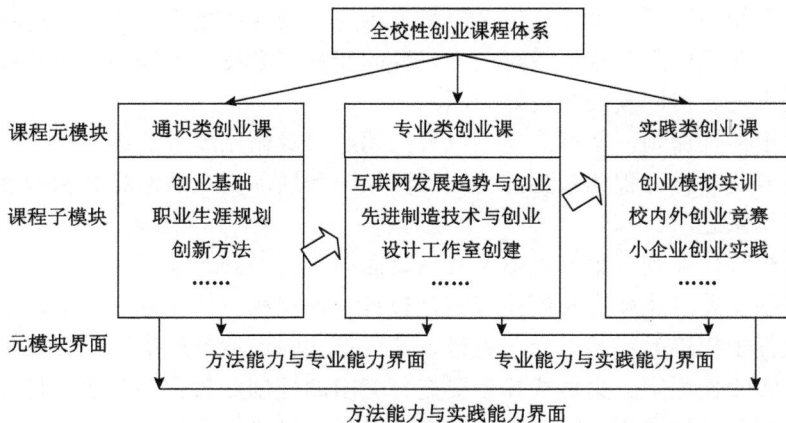

图4-3　集群式体系的总体框架

2. 课程元模块解析

集群式体系三个课程元模块的内涵如下所述。

（1）通识类创业课。通识课的作用主要是培养学生掌握学习领域必需的基本技能，如计算机应用能力、数学计算能力、外语表达能力等。因此，设置该类创业课的目的在于培养学生掌握创业所需的基本方法能力。该类课程可以针对低年级学生设置"创业基础""职业生涯规划""创新方法"等子模块，唤醒学生的创业意识和关于自身职业生涯规划的思考，为创新创业型人才培养奠定正确的认识论和方法论基础。可以针对目标明确、兴趣浓厚、基础扎实的高年级本科生或研究生进一步开设"企业家精神强化""商业模式创新"等子模块，通过习得性强化训练进一步使高年级本科生或研究生增强在创业机会识别、创业团队组建、商业模式开发、创业融资等方面的创业方法能力。

（2）专业类创业课。由于学生解决问题的思维和技能训练主要依托于专业，设置该类创业课的目的在于通过创业教育和专业教育的有机结合，培养学生形成基于专业技能的创业能力。这类课程既可以开设专业特色突出的子模块，如"互联网发展趋势与创业""先进制造技术与创业""环境创业""设计工作室创建""音乐工作室管理"等课程；也可以按照理工、经管、人文社科等大的门类需求开设共性子模块，如为理工科学生开设"战略性新兴产业创业"，为人文社科学生开设"文化产业与创业"等课程。学生通过学习这些子模块，了解该专业的前沿技术知识、技术成果应用的产业化动态、创业人物、创业案例，理解或掌握与之有关的新产品、新工艺的开发设计、技术创业项目的选择与实施等，从而在专业教育中升华创业精神。

（3）实践类创业课。创业教育的实践性特质使其只有将理论与实践相结合，将投身于创新创业活动的学生的创意付诸实践，才能长远发展。因此，设置该类创业课的目的在于培养学生的创业实践能力。这类课程可以由低到高针对不同层次的本科生或研究生设置"创业模拟实训""校内外创业竞赛""小企业创业实践"等若干子模块，以实现创业知识的理论传授与实践应用之间的无缝对接，以及创业教育第一课堂与第二课堂之间的有机衔接。有更高需求的学生通过创业软件模拟、沙盘对抗等半仿真环境下的创业实训，通过氛围浓厚的各级各类创业计划竞赛，通过参与真实环境下的小企业运营项目等实践活动，进一步激发了市场意识和创业意向，能够更好地应用专业知识、创新思维、创业方法提高解决实际问题的能力、技术成果转化的能力、新产品商业化和产业化的能力。

集群式体系总体框架下的课程设置，还有两点需要注意：①虽然三个元模块在总体上是由低向高递进的，但为了更好地满足创新创业型人才分层分类培养的需要，课程子模块之间可以循环递进和交叉并行，因此要安排好教学计划。例如，学习专业类创业课的学生仍然可以并行或后续学习难度较高的通识类创业课。②创业教育的本质是培养大学生的创业精神和创造能力，因此集群式体系既要重视开发创业类新课程，以课程体系的增量来带动、提升课程体系的存量，在某种程度上，更要注重以创新创业能力为导向优化组合专业课程体系结构、革新原有课程的教学内容及教学方法，使传统课程重新焕发出时代活力。

3. 课程元模块能力界面解析

从集群式体系的总体框架来看，课程元模块的设置是从外在结构上反映该体系的网络化形态，而元模块之间的能力界面则是从内在联系上反映该体系的网络化形态。能力界面越模糊、融合性越好就表明两个元模块的内在联系越好，它们的子模块之间可以共生互补、相互支撑；反之，能力界面越清晰、融合性越差就表明两个元模块的内在联系越差，它们的子模块之间没有发生实质性的关联，更不可能共生互补。例如，通识类创业课子模块和专业类创业课子模块在教学目标、教学内容、教学方法等方面的衔接越好，创业方法能力与专业能力界面的融合性就越好，高校学生通过两类课程子模块的学习，就越能够实现创业方法能力和创业专业能力之间的内在统一。如果通识类、专业类和实践类课程元模块的能力界面都实现了融合，那么集群式体系就发挥了最大程度的综合优势，可以使学生的创业能力得到有机统一的全面培养。

虽然创业能力从形式上可以分为方法能力、专业能力和实践能力，但其中任何一种单一的能力都不是真正意义上的创业能力，真正的创业能力应该是这三种能力相互融合形成的集成能力。因此，基于能力结构的集群式课程体系在分散训练大学生单一创业能力的同时，也非常有必要在某些关键的时间节点承上启下地设置若干个综合性、交叉性、实践性的工程创业项目来实训学生的创业集成能力，使学生在真实、虚拟或二者结合的训练项目中，通过"做中学"真正使创业的方法能力、专业能力、实践能力之间的界面障碍得以消除、贯通、融合，建构自己的创业集成能力。学校设置的工程创业训练项目在时间和内容的安排上可以和当前广泛实施的课程设计、认识实习、生产实习、专业实践、"大学生创新创业训练计划项目"等各种实践教学环节及第二课堂有机地结合起来。

该项目可以结合学生的学习阶段及课程安排，由低到高地设置为初级、中级和高级三个层级，每个层级的训练项目又可以根据专业特点及学生情况由若干个子项目构成[124]。其中，初级训练项目基于工程基础课、通识类创业课等相关课程，以简单的综合性训练项目为主，旨在培养学生的产品意识、市场意识和创业意识。中级训练项目基于专业基础课、核心课及专业类创业课等相关课程，通过整合应用多个领域的知识，培养学生的产品创造能力。学生团队在教师的带领下，完成训练任务。高级训练项目基于专业核心课、专业特色选修课、综合实验、创业实践课等相关课程，旨在全面提升学生在工程技术领域的创新创业集成能力。学生团队在教师的支持下完成训练任务。工程创业训练项目的设置如表4-1所示。

表 4-1　工程创业训练项目的设置

学年（学期）	低 ➝➝➝➝➝➝➝➝➝➝➝➝➝➝➝➝➝➝➝➝ 高			
理论（实践）教学环节	基础大类课程 工程导论	专业基础课程 应用实验 I	专业核心课程 应用实验 II	专业特色选修课程 综合实验
	通识类创业课	专业类创业课		实践类创业课
创业训练项目	初级（认识）	中级（参与）		高级（主导）
配套创业活动	创业俱乐部、企业家论坛、创客空间等			

4.2.2　集群式体系的演进路径

1. 演进路径的控制维度分析

根据上述集群式体系的总体框架,该体系演进路径的控制维度可以分为两个,一个是元模块内课程数量,反映了一个元模块自身的完善程度;另一个是元模块界面融合度,反映了不同元模块之间课程的互补程度。两个控制维度的组合催生了集群式体系的四个状态节点,而四个状态节点又构成了三条不同的集群式体系基本演进路径,如图 4-4 所示。

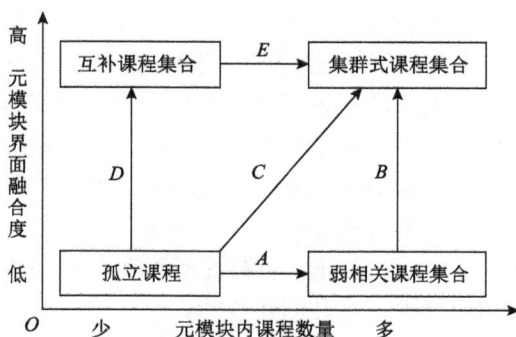

图 4-4　集群式体系演进路径

2. 演进路径的状态节点特征

集群式课程体系四个状态节点的特征如下。

（1）孤立课程状态节点。该节点下的创业课程数量很少且一般都局限于通识类课程。这些课程虽然能以人才培养素质课的形式纳入学校的通识类课程体系中,但它们面对学校主流课程体系仍然是孤立无援、极不协调的,因此,该状态节点只能从属于创业课程体系建设的早期启动阶段。例如,斯坦福大学等国外高校早期仅有商学院开设了具有介绍性质的“创业入门”课,我国高校近年来为快速普及创业教育普遍开设了具有概论性质的“创业基础”课,都属于这种情况。

（2）弱相关课程集合状态节点。该节点下的创业课程数量有所增加但仍然主要限制在某个课程元模块内。众多的课程表面上似乎充实了整个创业课程体系，但本质上并没有真正突破元模块之间的界面限制，也未能真正融入学校主流课程体系中去，实际上所呈现的只是一种零散分布的"繁荣假象"。例如，国外有的高校创业课程体系中出现的"女性创业计划""小企业主资产规划"等零散课程，以及目前我国有些高校在没有整体规划的情况下同时开设了"创业基础"、KAB、SIYB 等多个通识类创业课，有的高校尽管开设了"创业基础"等通识类创业课并将"创业计划竞赛"等实践活动以课程的形式纳入学校教学计划，但两者之间并没有很好地融合，这些都是典型的弱相关课程集合状态节点。

（3）互补课程集合状态节点。该节点下的创业课程数量虽然较少，但在一定程度上突破了元模块的界面限制，通识类、专业类和实践类创业课三个元模块之间实现了一定程度的界面融合，位于三个元模块内的创业课程实现了较好的共生互补，创业课程体系开始以一个整体融入学校主流教育体系中。例如，日本立命馆大学四个学部联合开发的"产学协同创业教育计划"，设置了基础科目群、拓展科目群和实践科目群。我国温州大学等高校结合当地创业文化和经济环境，进行了针对专业群配置创业课程等方面的有益尝试[125]。

（4）集群式课程集合状态节点。该节点下的创业课程数量众多且突破了课程元模块的界面限制，三个创业课程元模块之间实现了真正意义上的融合，创业课程体系完全融入了学校的主流课程体系内，而且将对主流课程体系起到相当程度的引领和带动作用。例如，美国康奈尔大学开发的"创业精神和个人创业项目"（the entrepreneurship and personal enterprise program，EPE），在工程学院，农业与生命科学学院，建筑、艺术与规划学院等七个本科生学院，以及约翰逊管理学院和法学院两个研究生学院的参与下，支持全校学生学习与本专业紧密结合的创业课程，并以此培养创业精神、提升创业技能。

3. 演进路径的选择

由图 4-4 可知，从孤立课程状态节点到集群式课程集合状态节点，有三条路径可以供高校进行选择。

（1）路径 A+B。该路径通过集中力量在一个课程元模块内增加课程数量的方式，先使路径 A 向弱相关课程集合状态节点方向演进，然后突破其他课程元模块的界面限制，使路径 B 向集群式课程集合状态节点方向演进。该路径采用的是一种聚焦式的演进策略，虽然在一定程度上可能会存在路径 B 演进动力不足的风险，但创业资源的使用较为集中，比较适宜创业教育基础相对薄弱且创业教育资源有限的高校在短期内采用。例如，北京理工大学在面向工科学生的通识选修课中，由不同学科的教师根据特长和偏好开设了"逻辑与创新思维""人文素养与科技创新""创造力心理学"等多门创新创业类课程。未来这些课程可以在集群式课程体系框架的指导下与专业教育进行整合，将创业精神、创业品格、知识产权意识渗透到专业教育及研发活动中。

（2）路径 $D+E$。该路径通过在三个创业课程元模块内分别设置数量较少但界面融合较好的课程，使路径 D 先向互补课程集合状态节点方向演进，待少量试点课程成熟后再扩大各个元模块内的课程数量，使路径 E 向集群式课程集合状态节点方向演进。该路径采用的是一种尝试性的演进策略，比较适宜具有一定的创业教育基础并且创业教育资源相对丰富的高校采用。例如，麻省理工学院开设的"MBA+科技创业资格证书班"，学生同时选修 MBA 专业课和系统的科技创业课，毕业时同时获得 MBA 证书和科技创业资格证书。麻省理工学院还定期举行科学家与企业家的对话交流活动，双方就具有市场前景的前沿技术和企业遇到的技术难题进行互动，该活动允许研究生参加。

（3）路径 C。该路径沿着孤立课程状态节点和集群式课程集合状态节点的对角线方向演进，既考虑了三个课程元模块自身的完善，又兼顾了三个课程元模块界面的融合。该路径作为一种理想的演进路径，比较适宜创业教育基础好且创业教育资源丰富的高校采用。例如，在将理论应用于实践、锻炼团队和管理技能、提升写作和表达能力的培养目标下，欧林工学院的本科课程体系纵向分为基础阶段、专门化阶段和实现阶段三个阶段，横向分为数学与自然科学（mathematics & science，MTH & SCI）、工程（engineering，ENGR）、设计（Design）、艺术/人文/社会科学（arts，humanities and social sciences，AHS）与创业（entrepreneurship，E!）四个类别，如表 4-2 所示[126]。学生在纵向的三个阶段都要参与跨学科的工程应用和训练项目；而横向的"新型科技企业""艺术与科学的交集"等 AHS 与E!类课程对于学生将工程置身于更为广博的背景环境中思考问题非常有帮助。有鉴于此，学院甚至要求每位学生在校期间必须从事一学期的创业活动。

表 4-2　欧林工学院基本课程（共同课程）要求

阶段	课程	MTH & SCI	ENGR	Design	AHS 与 E!	是否有明确的项目体验（关键词）	学分
基础阶段	物理世界的建模与仿真	√√	√	√		开放的项目	2
	矢量微积分	√√					2
	现代生物学基础	√√				实验	4
	化学/材料科学（三选一）：化学概论、材料科学与固体化学、有机化学	√√		√		实验	4
	物理学（多选一）：电磁学、力学、其他	√√				力学分 A、B 两种授课方式，B 为实验	4
	建模与控制		√√			动手实践	3
	真实世界的测量	√	√√			实验，团队项目	3

续表

阶段	课程	MTH & SCI	ENGR	Design	AHS 与 E!	是否有明确的项目体验（关键词）	学分
基础阶段	设计本质		√	√√		个人和团队项目	4
	AHS 基础（多选一）：技术史、有线合奏、试听、文化与差异、"我"是谁？				√√	项目，实践	4
	创业计划				√√	在真实世界中应用	4
专门化阶段	线性代数	√√					2
	概率论与数理统计	√√					2
	工程原理		√√	√		项目体验，跨学科团队，设计	4
	用户导向的协同设计		√	√√	√	合作，工作室环境	4
	深度设计课程（多选一）：可持续设计、人类因素与界面设计、合用的产品、分布式工程设计、产品设计与开发、为制造而设计、系统		√	√√	√	开放项目，团队合作	4
	AHS 与 E!自选专业课				√√		8
实现阶段	AHS 与 E!毕业设计			√	√√	真实项目	4
	SCOPE	√	√√		√	真实的工程项目，跨学科团队，设计	4

注：√√表示课程所属类别，√表示课程涉及的主要内容。SCOPE: senior capstone program in engineering，工程领域的高级顶点项目，类似于我国高校的毕业设计

与本科生相比，研究生的专业化知识水平及创新能力更强，更接近前沿技术，更有能力管理真实的技术成果及项目。因此，研究生阶段的创业教育如果能将技术成果转化前置的理念，以集群式课程体系的方式不断与学生的研究过程相结合，将会产生非常好的效果。在这方面，美国佐治亚理工学院和艾莫利大学两所高校联合开发的教育项目"技术创新：产生经济效益"（technological innovation：generating economic results，TI:GER），为开展研究生阶段的创新与创业教育提供了一个非常值得效仿的榜样。

TI:GER 是一个技术、商业和法律跨学科合作的、两年制证书项目，其最突出的特色是："通过挖掘研究的商业潜力促进研究质量"和"基于专业背景进行团队分工合作"。该教育项目充分依托两所高校各自的学科优势，每四名不同学科的研究生自愿构成一个学习团队；团队中的科学与工程学博士（Ph.D.）[①]、MBA

---

① 在西方教育体制中，哲学博士是指拥有人对其知识范畴的理论、内容及发展等都具有相当的认识，能独立进行研究，并在该范畴内对学术界有所建树，对专业知识的认识达到了哲学的高度。因此，绝大多数专业的博士毕业生均可以被授予 Ph.D.学位，而不限于哲学专业。

均来自佐治亚理工学院，两名法学博士（J.D.）[①]则来自艾莫利大学。学习团队以
Ph.D.学生的研究为纽带和导向，其他三名成员发挥各自优势，合力解决技术成果
商业化过程中可能遇到的金融、市场、知识产权等方面的问题。

　　TI:GER 项目的课程体系如图 4-5 所示。

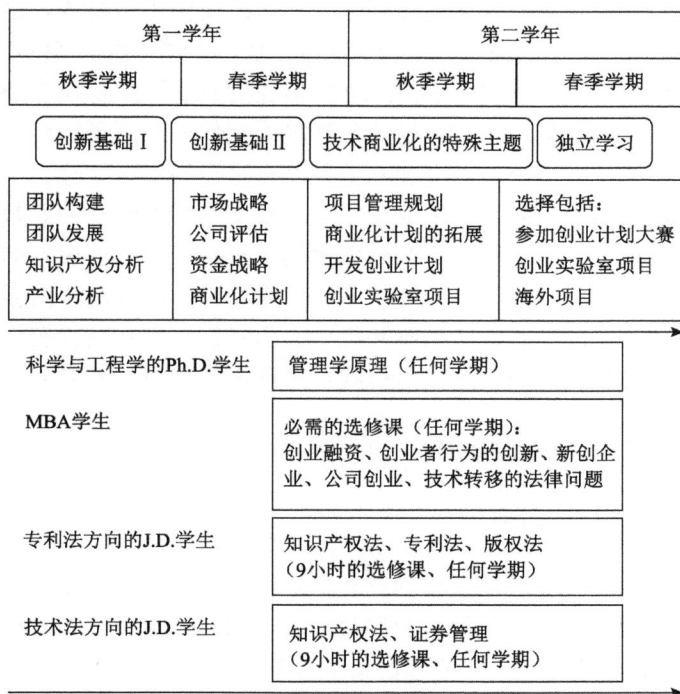

第一学年		第二学年	
秋季学期	春季学期	秋季学期	春季学期
创新基础 I	创新基础 II	技术商业化的特殊主题	独立学习
团队构建 团队发展 知识产权分析 产业分析	市场战略 公司评估 资金战略 商业化计划	项目管理规划 商业化计划的拓展 开发创业计划 创业实验室项目	选择包括： 参加创业计划大赛 创业实验室项目 海外项目

科学与工程学的Ph.D.学生	管理学原理（任何学期）
MBA学生	必需的选修课（任何学期）： 创业融资、创业者行为的创新、新创企业、公司创业、技术转移的法律问题
专利法方向的J.D.学生	知识产权法、专利法、版权法 （9小时的选修课、任何学期）
技术法方向的J.D.学生	知识产权法、证券管理 （9小时的选修课、任何学期）

图 4-5　TI:GER 项目的课程体系
资料来源：TI: GER curriculum. http://tiger.gatech.edu/files/TIGER% 20 Curriculum.ppt

　　该课程体系共分为两年。在个体学习方面，Ph.D.，J.D.和 MBA 学生可以在
任何学期分别学习"管理学原理""知识产权法""创业融资"等课程，为团队
学习奠定必要的知识基础。在团队学习方面，第一年的课程是"创新基础 I"和
"创新基础 II"。其中，"创新基础 I"要求团队提交一份发明披露和一份与 Ph.D.
学生研究相关的初步产业分析；"创新基础 II"则要求团队提交一份较为详细的
技术商业化计划。第二年的主要课程是类似于咨询的"商业化主题"，学习团队
帮助评估佐治亚理工学院孵化器中早期技术的商业机会，帮助开发创业计划和战
略性的许可计划。此外，团队成员根据 Ph.D.学生的研究过程，可以开发基于研

---

① 在美国，本科没有法学专业，研究生层次的 J.D.属于专业学位，学制 3 年，有别于真正意义上的法学博士
(Doctor of Judicial Science, J.S.D.)。

究成果的创业计划，也可以开发基于自身经验的案例。

TI:GER 项目极大地改变了科学和工程学主要根据技术问题决定研究议程的传统。Ph.D.学生在形成研究假设的最初阶段，就要考虑市场和法律问题；在概念证明和实验室原型阶段，要起草一份发明披露，内容包括制造的可行性，以及成本、销售、知识产权保护、社会道德规范、促进产业应用策略等。这些工作对那些直接应用自身成果进行技术创业的 Ph.D.学生更为必要。虽然 TI:GER 项目是以Ph.D.学生的研究过程及成果为主线展开的，但也为有志于从事技术商业化相关工作的 MBA 和 J.D.学生提供了真实的业务环境，使他们在不影响自身研究的情况下更深入地理解和掌握本领域的专业知识并获得宝贵的实践经验。

应该指出，欧林工学院及佐治亚理工学院和艾莫利大学在创业教育方面所取得的成就，很大程度上得益于它们与时俱进的先进理念、大刀阔斧的改革魄力、充沛的运作资金及少而精的学生。我国工科大学在当前的发展阶段要完全复制或推广它们的成功经验固然有很多困难和阻力，但它们将创业精神有机融入本科及研究生课程体系的教改思路及方法值得我们进行深入的思考和借鉴。

4.2.3　集群式体系的运行策略

1. 统筹教育管理机构

集群式体系运行的基础是学校创业教育资源的有效集成，而学校创业教育资源有效集成的基础是创业教育组织的有效集成。因此，高校要打破目前教学、学生、团委、就业、科技等各个职能部门条块分割、各自为政的创业教育管理体制，通过顶层设计自上而下地构建统一的创业教育管理机构。该机构对内负责制定全校性的创业教育管理框架，集中协调各专业的培养方案、教学计划，统筹配置创业教育涉及的师资、场地、资金等各种资源，将创业教育贯穿于人才培养的全过程；对外广泛开展网络联系，积极争取各种创业扶持机构对学校开展创业教育提供全方位的社会性支撑。由于各个高校的办学层次、基础和资源都不尽相同，创业教育管理机构的组建一定要和学校的具体情况紧密结合，使其具有可操作性，切实起到统筹管理、综合协调的作用。

创业教育管理机构的具体组建形式，国内外常见的有以下三种可供参考。

（1）组建专职的创业教育学院。该方式是在学校相关部门的配合下，成立创业教育学院这样职能明确的管理部门，作为承担全校创业教育教学日常管理与综合协调的常设机构。这种方式的优点是在已有的行政框架内再增加一个职能（部）处，并不过多地涉及权利的再分配，比较简单易行；缺点是在原有职能（部）处的职责没有变动的情况下，一个新成立的部门往往很难真正、有效地整合创业教育资源，也不容易推动创业教育与专业教育的融合。但该方式在高校开展创业教育的早期阶段，仍然不失为一种支撑集群式体系的重要组织保障。前文所述的上海交通大学、北京航空航天大学等创业教育试点高校采用的都是这种方式。

（2）组建轮值的创业教育管理委员会。该方式是学校相关教学单位和职能部门领导组建创业教育管理委员会，这种委员会不是具体的行政管理机构，而是类似于理事会性质的一种决策机构，各个学院在委员会确定的大政方针下结合自身特点开展行之有效的创业教育。例如，前文所述的美国康奈尔大学为保证 EPE 项目顺利实施，由参与该项目的 9 个学院的院长共同组建了创业教育管理委员会，委员会主席每两年在 9 个学院之间轮换一次，如图 4-6 所示。此外，由 100 位左右的创业者和企业领导者校友组建了 EPE 项目咨询委员会，为 EPE 项目制定整体框架、提供资金支持和咨询，并参与评判课程和创业计划，等等。

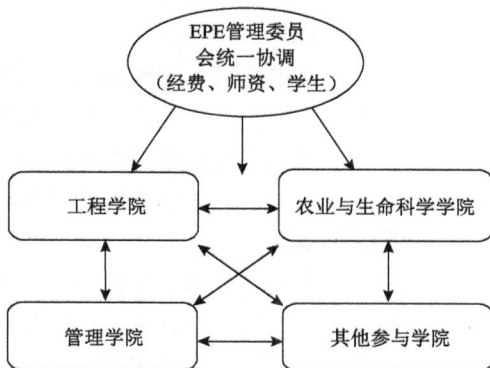

图 4-6　康奈尔大学 EPE 项目的运行与管理

（3）组建综合集成的创业创新中心。俄罗斯斯科尔科沃理工学院（Skolkovo Institute of Science and Technology，SkTech）是 2013 年创办的一所理工科大学，仅招收研究生。该校的不同凡响之处在于：学校从创建之初就着力进行"研究、教育、创业创新"三重螺旋的协同创新。作为 SkTech 的第三重螺旋，创业创新中心是推进协同创新的核心机构之一。该中心的职能是：面向学校内部，提供创业创新的基础教育、负责创新资金拨款和创业创新研究，联系所有的 SkTech 研究中心并与之联合保护知识产权；针对学校外部，与工业和国际机构发生联系，支持与外部科技园区、投资者和企业家的研究合同及技术转移，如图 4-7 所示。应该说，SkTech 创业创新中心综合集成了与该校创业创新活动相关的所有职能，实行一个平台上的集中管理，切实使第三重螺旋和前两重螺旋匹配起来。

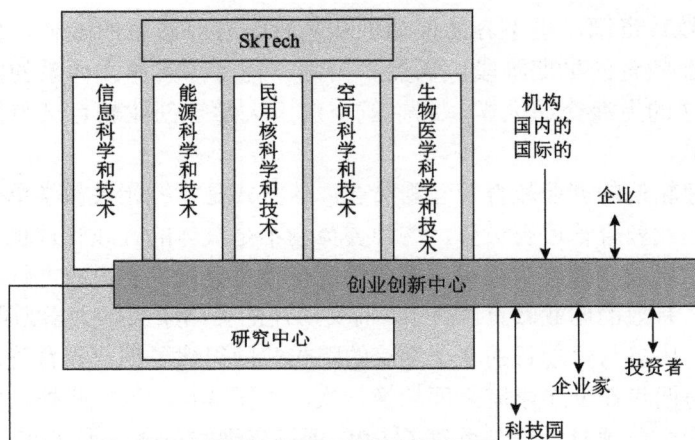

图 4-7　SkTech 创业创新中心的功能模型

2. 实施联合教学机制

工科大学要支撑起集群式体系纵横交错的网络结构，需要有步骤地创新教学机制。高校创业教育涉及产品研发、工程设计、产业化，以及知识产权和市场开拓等方方面面，其教学任务不是任何一个专业的教师所能完成的。为此，创业教育的教学机制非常需要通过授课团队与学生团队的双边对接，使创业精神与创业技能的培养贯穿于整个创业课程体系的全过程。

在教学主体方面，要构建起由理工、经管、法律等不同专业的专兼职教师、企业家、校友等共同组成的教学团队承担教学任务。一方面，可以尝试形成创业课程体系的教学共同体，围绕专业共同制定创业教育培养方案和教学大纲，革新创业课程的教学内容和教学方法，加快促进三个课程元模块之间的融合；另一方面，也可以尝试针对某一个元模块内课程的教学重点由不同专业的教师进行集体授课，如斯坦福大学工学院开设的"技术创业"课就是由三位具有丰富创业经验和管理经验的客座教授进行分段式授课和商业计划指导。

在教学客体方面，要尽可能允许具有不同专业背景的学生进行跨专业选课，最大限度地促进愿望与动机相似、知识和能力互补的学生通过组建正式、非正式的创业学习团队进行课堂内外的创业学习[127]。例如，康奈尔大学的创业课程允许学生进行跨学院、跨专业选课，从而保证了不同专业学生之间的交流，也保证了那些没有参与 EPE 项目的学院的学生可以根据自己的兴趣选择合适的课程。

3. 优化师资队伍结构

集群式体系教学内容的高复合性和高实践性，对创业教育师资的教学能力提出了很高的要求。实际上，创业师资在集群式体系中所扮演的并不仅仅是传授创业知识者一个角色,而是四种角色的混合体。这四种角色分别是:①创业原理的传播者。这方面需要教师具有非常扎实的创新与创业方面的理论基础知识。②创业热情的点燃者。这方面需要教师具有相当的教学激情和热情,可以通过高度的感染力和教学技巧快速融入学生群体。③创业实践的领路人。这方面需要教师具备必要的创业经验,哪怕是间接经验,带领学生尽早将创意转化为可以通过市场检验的商品及商业模式。④创业学习的榜样。这方面需要教师本身具有很强的创业精神,善于针对实际情景分析问题和解决问题。

显然,能够同时扮演上述四种角色的创业师资在现实中非常罕见。因此,高校非常有必要通过内引外连等多种方式培养和引进理论型、实践型、兼容型等各种类型的创业教育师资人才。通过积极创造条件鼓励专职教师到企业挂职、与企业开展深层次的联合技术攻关、深入典型创业企业进行案例研究等方式,提高实践教学能力;积极创造条件鼓励专职教师参加国际会议、出国进修或访学,以开拓教师的国际化视野;积极创造条件与校友会、行业协会、创业园等机构建立稳定的合作关系,聘请实践经验丰富的企业家和创业者以担任客座教授、举办创业讲座、创业论坛等形式进行教学兼职,使其成为集群式体系的一个稳定的师资来源。

4. 搭建学生创业实践平台

集群式体系的高度开放性,要求该体系务必充分整合教学资源、有效利用教学时间,为学生的创业实践提供必要的支持。

在充分整合教学资源方面,要以学校开放式实验室为载体,积极鼓励学生团队利用课余时间主动学习,开展市场针对性强的创新性实验,提高综合运用创业领域和专业领域的知识、理论、方法发现问题、分析问题并解决问题的实践能力;要以创业园区为载体,安排学生到园区创业企业进行实习,鼓励学生创办企业或工作室,通过近距离地接触和观察真实的创业者,进一步塑造创业精神、提升创业技能;要以高新技术骨干企业为载体,通过进一步搭建产学协同创新平台,积极推进创新创业型人才的校企联合培养和订单式培养,积极推动企业参与必要的实践教学环节,使企业承担起专业实习和创业教育实践的双重任务[128]。

在有效利用教学时间方面,由于在校学生的学习安排基本是连续的,很难安排大段时间集中进行实习、实践,学校要充分利用好假期的时间为学生的实习、实践提供帮助。例如,在康奈尔大学,来自 EPE 项目的大二、大三学生和 MBA 一年级学生都可以申请参加学校提供的暑期实习项目。这些有偿实习每年可以为 40 多个学生提供持续 10 周左右的商业世界体验。实习公司都是创立时间短于 10 年,雇员少于 100 人的小型高科技公司。实习内容则涉及数据库设计、营销、办公室组织、账目清算、传媒等企业经营管理的多个方面。我国华东理工大学在这方面也进行了非常有益的尝试,如利用暑假时间组织的"温州实地创业赛",为大三、大四学生和研究生提供的"创业见习资助项目"等,使学生在上学期间就能体验到自主创业的酸甜苦辣,取得了非常不错的教学效果。

4.3　集群式体系在专业培养中的应用

4.3.1　集群式体系的专业转化流程

宏伟的蓝图只有与微观的实际相结合才能真正落到实处。集群式体系从宏观层面上给出了高校创业课程设置的蓝图,是指导学校众多专业规划创业课程的顶层设计。但在实际工作中,学校各个具体专业的办学条件往往有所差别,这些规模、基础、资源、特色上的差别使这些专业不可能也完全没有必要设置一模一样的创业课程。因此,图 4-8 设计了集群式体系转化为专业层面创业课程方案的实现过程。该过程在集群式体系的总体框架内紧紧围绕以下四个基本问题进行展开:①某专业的学生应该掌握哪些与创新创业相关的知识和技能?②学生要对这些知识和技能具体掌握到什么程度才算合格?③这些知识和技能如何落实为专业的具体课程或课程环节?④授课教师需要采用什么样的教学方法,来培养学生掌握这些知识和技能?可以说,对这四个问题的回答在逻辑上构成了一个条理清晰、相互关联的转化流程。

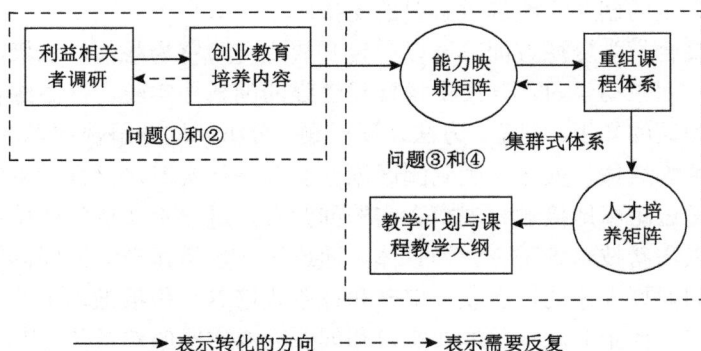

图 4-8　集群式体系转化为专业层面创业课程方案的执行框架

4.3.2　集群式体系的专业转化步骤

如图 4-8 所示的执行框架共分为六个步骤,其中,前两个步骤解决的是问题①和②,后四个步骤解决的是问题③和④。

(1)利益相关者调研。某专业学生究竟要掌握哪些创新创业方面的知识和技能,应该是社会需求、学生成长和专业发展三方协调统一的结果,任何一方一厢情愿的决定都会有失偏颇,也是极不科学且没有操作性可言的。因此,实施流程的第一步是要广泛而细致地征求与该专业联系紧密的利益相关者的意见。这些人主要包括专业教师、在校学生、低年资校友（毕业 5 年左右）、高年资校友（毕业 10 年以上）、用人单位代表及该专业领域的资深学者等。之所以要将校友区分为低年资和高年资两个毕业时间段，主要是考虑到随着毕业时间及阅历的增长，不同毕业时间段的校友可能会对同一问题产生截然不同的认知结论，有必要进行甄别。在此基础上，归纳整理出该专业学生所需具备的具体知识和技能的条目框架初稿，初步确定每个条目的培养等级，也就是学生所要达到的基本要求。

（2）明确创业教育的专业培养内容。在进行大规模调研的基础上，邀请利益相关者的代表组成小规模的委员会，集中对初稿中的每个条目及培养等级给出修改建议。通过委员会的合议，确定该专业学生所需具备知识和技能的具体条目及对应等级，并使用了解、理解、掌握、运用等不同程度的词汇进行标识。需要着重指出的是，创业教育的专业培养目标及内容一定要充分尊重专业教学主体和客体的意见。为了使委员会就此形成的结论更加真实、可靠并具有可操作性，上述委员会的成员一定要包含相当比例的师生代表。要从内心深处唤起广大专业教师和学生的热情、调动他们的积极性和参与性，既不能让他们将创业教育当成某种时髦的点缀，又不能让他置身事外，将创业教育当成一种与己无关的额外负担。

（3）形成能力映射矩阵。能力映射矩阵是将专业层面的创业教育内容落实为课程方案的核心工具，它的纵坐标是条目框架的最底层，横坐标是具体的课程。两个坐标之间的映射关系表现为：要落实该专业的创业教育内容，条目框架最底层的每一个知识和技能都应该有一门或几门相对应的课程（环节）进行支撑，支撑程度可以结合该条目的培养要求用弱、中、强三级量化。这样，能力映射矩阵就使该专业的培养要求与创业课程体系一一对应。如果纵坐标对应的横坐标是空白的，就表明没有任何课程（环节）可以支撑该条目，需要增加必要的课程（环节）；如果对应横坐标的量化等级都很低，就表明现有的课程（环节）对该条目的支撑不足，需要进行适当的补充或调整；如果对应横坐标的量化等级都很高，就表明现有的课程（环节）非常支撑该条目，可以保持不变、适当地整合甚至减弱，以将有限的资源调配给其他课程（环节）。能力映射矩阵如表 4-3 所示。

表 4-3　创新创业能力映射矩阵

	课程 1	课程 2	课程 3	...	课程 n
条目 1	*		**		*
条目 2		***	*		
条目 3					
条目 4					**
...	...	...	...	...	...
条目 n					

注：*代表支撑的强度

需要强调的是：作为最重要的执行工具，该矩阵的纵坐标一定要具体明确，绝对不能含糊笼统、无法操作。在这方面，由麻省理工学院航空航天系的 Edward F. Crawley 编写、东南大学的路琪等翻译的《CDIO①教学大纲本科工程教育目标陈述》提供了范例。该大纲共分为四个部分：技术知识及推理，个人和职业技能与特质，人际技能——团队协作和沟通，在企业和社会背景下的构思、设计、实施和运作系统。每个部分都细化分解到第四层乃至第五层，总共包含将近 400 项内容。表 4-4 描述了该大纲第三部分细化到第四层的情况。可以看出，该大纲对毕业生的各种能力都提出了非常细致、具体的要求，如第三层指标"组成有效的团队"包含了"确认团队角色和责任""分析团队的优势和劣势"等非常明确的内容，而不是诸如"培养学生的团队合作意识"这样简单、笼统，师生根本不知道该如何操作的目标要求。能力映射矩阵要极力避免这种含混不清的描述。

表 4-4　麻省理工学院航天专业 CDIO 大纲节选内容

人际技能——团队协作和沟通		
团队协作	组成有效的团队	确认团体形成的阶段及其生命周期
		阐释任务和团队的进展
		确认团队角色和责任
		分析团队成员的目标、需求和特征
		分析团队的优势和劣势
	团队运作	选择目标和工作日程
		实施规划及促成有效的会议
		运用团队基本原则
		进行有效的沟通
		展示积极有效的反馈
		实施项目策划、安排及执行
		阐述问题的解决方案
		进行纠纷协调及解决
	团队成长及发展	论述反思、评估和自我评估的策略
		确定有助于团队维系和发展的技能
		确定有助于团队成员个人发展的技能
		阐释团队交流和团队协作的策略

---

① CDIO：构思（conceive）、设计（design）、实现（implement）、运作（operation），它以产品研发到产品运行的生命周期为载体，让学生以主动的、实践的、课程之间有联系的方式学习工程。

续表

	人际技能——团队协作和沟通	
团队协作	领导能力	阐释团队的长远目标和短期目标
		执行团队的过程管理
		执行领导能力和指导风格
		阐释激励方法
		练习代表团队面对外界
		描述指导和建议
	技术协作	描述在不同团队的工作：
		跨学科的团队（包括非工程专业的学科）
		小型团队 VS 大型团队
		远程的、分散的电子环境
		展示团队成员的技术合作

（4）重组创业课程体系。根据能力映射矩阵的匹配结果，对现有课程体系进行重组，在现有的创业课程体系内增加、减少或合并三个元模块内的相关课程或课程环节，使集群式体系能够真正支撑起培养该专业学生创新创业知识和技能方面的目标要求。重组后的创业课程体系要再次应用能力映射矩阵进行匹配，经过多次地匹配和论证直至形成最终的创业课程方案，使创新创业知识和技能的主线贯穿于各门课程或课程环节，彼此有机衔接，共同形成一个整体。

（5）形成创新创业人才培养矩阵。根据重组后的创业课程体系，更新相关课程的教学内容及与此相对应的具体教学方法，形成最终的创新创业型人才培养矩阵。该矩阵是将专业层面的集群式体系落实为教学计划和课程教学大纲的最重要工具，如表 4-5 所示。该矩阵的第一行元素是重组后的创业课程（环节）；第一列元素是开设该课程/课程环节的时间安排，通常可以用学期表示；每一行和每一列交汇处的元素是该课程/课程环节所应采用的具体教学方法。这样，人才培养矩阵就将创业教育的教学时间、教学内容和教学方法整合为一个整体。

表 4-5　创新创业型人才培养矩阵

	课程/课程环节 1	课程/课程环节 2	…	课程/课程环节 n
时间 1	案例教学			
时间 2				
时间 3		游戏教学		
时间 4				项目驱动教学
…	…	…	…	
时间 n				

　　（6）制定新的教学计划和教学大纲。这是集群式体系落实为专业层面创业课程方案的最后一步，这一步既是重要的收尾工作，也是所有教学文件的汇总工作。该步骤的任务，一是根据创新创业型人才培养矩阵修订原有的专业培养方案，将重组后的创业课程体系对应纳入三个元模块内，制订开课计划；二是根据新修订的专业培养方案和创新创业型人才培养矩阵，重新修订或制定各门相关课程的教学大纲，涉及各门课程教学内容、教学方法和考核方式的调整。

　　最终，通过落实上述六个步骤，将集群式课程体系体现在专业培养方案中。

第5章　基于自我效能的交互式创业教学方法开发

5.1　创业教学方法与交互式教学

5.1.1　创业教学方法综述

从高校创业教育的分工来看，集群式创业课程体系解决的是"教什么"的问题，而有效的创业教学方法则是要解决"怎么教"的问题。两者结伴而生，一并成为支撑创业教育实施的"两大支柱"。就创业教育主体的现实困惑而言，当今的纠结之处并不在于"能不能教"，更主要的在于"应当怎么教"。

1. 创业教学方法的系统研究

美国百森商学院的内克等学者通过"理论-实践"矩阵分析了不同创业教学方法的差异和取向，非常富有启发性，如图 5-1 所示。该矩阵分别以实践和理论为横、纵坐标，将创业教学方法分为四种类型。内克等认为，创业教育虽然诞生于创世纪式教学法，但学生从没有任何亲身实践的英雄故事中能学到的东西非常有限；学徒式教学法主要是针对特定任务的训练，技能开发往往比批判性思维更重要；学术式教学法虽然支持理论，但却以忽视行动为代价。创业教学法应该追求的是刻意的、实际动手的、可付诸行动的理论应用，即合成式教学法，具体表现为玩耍、移情、创造、试验、反思等五种创业实践。更值得关注的是，在他们看来，创业教育的演进顺序是"关注个体→关注过程→关注方法"，因此，创业本身就应该被视为一种方法，而不应该被当作一个过程[129]。

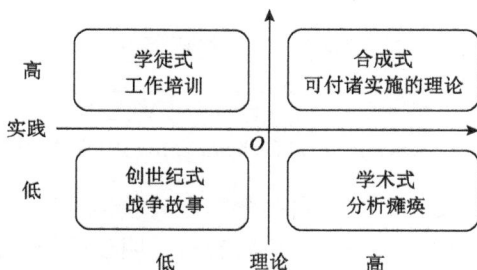

图 5-1　内克等提出的创业教学"理论-实践"矩阵

Fayolle 和 Gailly 认为，任何一种教学方法的有效性都依赖于目标、受众及内容等诸多因素的共同作用，因此，只有面向不同的学习内容匹配适宜的教学方法才能达到预期的教学效果。而创业学习的内容可以分为创业精神习得（成为有创业精神的人）、实践学习（成为创业者）和理论学习（成为创业领域的研究者）三大类，每种类型都有自身的关键维度、相关概念和理论，如表 5-1 所示[130]。

表 5-1　Fayolle 等提出的创业教学类型

类型	关键维度	相关概念和理论
成为有创业精神的人	广义的创业概念：聚焦于精神维度 期待的改变：看待事物的态度、认知和意向 最大受众：商学院和非商学院的学生	创业意向、创业事件、计划行为理论、创业自我效能感、创业定向
成为创业者	狭义的创业定义：聚焦于实践和专业领域 期待的改变：技能、实际知识、实际操作的技术/技能、创业能力的发展 最大受众：想成为创业者的人、有实际和具体创业项目的人	创业过程理论、在做中学、通过失败学习、有限理性、实行/实现、创业认知、创业管理和增长
成为创业领域的研究者	创业的学术界定：聚焦于理论维度 期待的改变：获得理论和科学知识 受众：博士、教师和研究者	创业研究领域内有关教和做的理论

　　Rasmussen 和 Sorheim 分别以学生参与度、机会或创意的商业化潜力为横、纵坐标，将创业教学方法划分为如图 5-2 所示的四种类型。他们认为，创业教学的重点在于"干中学"，传统教学方法的弊端是聚焦于学生个人且参与度很低；根据所划分的四种教学方法类型，培养学生的创业能力可以先从案例教学开始，再鼓励学生亲身参与真实的创业项目[131]。

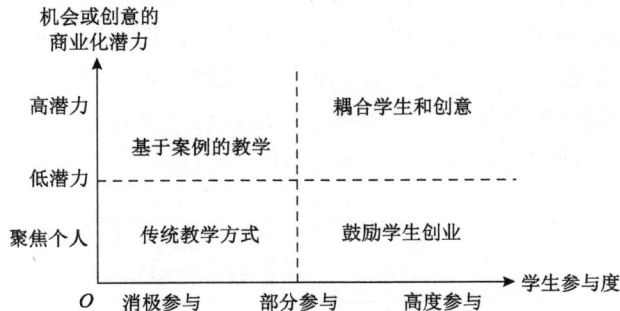

图 5-2　Rasmussen 和 Sorheim 提出的创业教学类型

　　由于创业教育在历史渊源上来自商学院，其教学方法也就不可避免地会沿用很多商科教育的传统做法，带有传统商科教育的明显印记，由此遭到一些学者的质疑和批判。例如，Helge 认为，两种教育在教学目标、师生角色、信息来源、活动等方面都有很大的不同，与传统的商科教育相比，创业教育更加强调过程、学生自主、实践导向等。两种教育的区别如表 5-2 所示[132]。

表 5-2 传统商科教育和创业教育的比较

比较项目	传统商科教育	创业教育
聚焦点	知识	过程
教学	知识的转化	支持学习
教育的目标	广博的知识	学会生活、自主性、自我管理能力
学生的角色	消极的消费者	积极的生产者
教师的角色	内容的发送者	学生的帮助者
信息的来源	教师、教科书	所有可利用的资源
获取信息的诱因	教师、课程	学生的需要
学习过程的主导者	教师	学生
互动的范围	教师和学生	学生之间（教师不排除）
活动	学习、阅读	实践、思考、沟通

2. 创业教学方法的应用研究

Baron 和 Henry 深入挖掘创业学习文献后认为，可以将替代学习的一般原则应用到创业教学中。在时间压力和其他环境条件很少专注练习机会的情况下，学生建立卓越表现的一条重要途径就是接触大量贴切、现实、高度相关的案例[133]。Solommon 调查了美国四年制及两年制大学常用的创业教学方法，按照使用该教学方法的比例排序，从高到低依次是：讨论（60%）、商业计划（57%）、校外专家讲座（52%）、案例研究（50%）、企业家讲座（48%）、可行性研究（37%）、研究项目（37%）、实习（32%）、课堂练习（31%）、实地考察（23%）、创办小企业（13%）、计算机模拟（13%）[134]。

Hytti 和 O'Gorman 分析了欧洲四国的 50 个创业培训项目，按照使用该教学方法的培训项目数排序，依次是：小组工作（49 个）、反馈与支持（48 个）、传统教学方法（38 个）、演讲与反馈（38 个）、专家讲座（38 个）、反馈与自我评价（35 个）、模拟创业与角色扮演（33 个）、创办企业（30 个）、游戏和竞争（23 个）、实践训练（18 个）、参观企业（19 个）、其他（16 个）、网络学习和远程学习（12 个）、考察其他国家的创业项目（7 个）、利用电影和 VCD（7 个）。其中，传统教学方法指的是通过讲授、测试和论文写作等方式开展创业教育。模拟创业与角色扮演指的是通过计算机辅助程序、案例教学及其他方式建立和管理企业[135]。

5.1.2 交互式教学的核心理念

1. 交互式教学的内涵

交互式教学是一种以建构主义教学思想为内核，以师生间的对话和沟通机制为载体，以多边、能动、连续为特征的教学方法；它是案例讨论、问题探究、项目驱动、翻转课堂等一系列强调学生参与、实践导向、团队合作的微观教学方法的集合与统称。该方法之所以突出"交互"二字，主要是为了区别于以往完全由教师单边主导、学生没有任何"话语权"的教学方法。正常的学习活动本应该是一个"学、思、疑、问"的连续过程，而"非交互式"的教学方法却极易肢解这一完整的学习过程，使学生"学而不思、思而不疑、疑而不问"，在一片迷茫中进行着漫无目的的涣散学习，无法形成批判性思维，更不要奢谈创新与创业能力。交互式教学就是要把"学、思、疑、问"这四个要素重新联结起来，为学生提升创新思维和创造能力提供最普遍的动力和机会。

2. 交互式教学提升自我效能的机理

其作用机理如图 5-3 所示。交互式教学通过多边、多线程、相互作用的，和谐、民主、开放的创业教学活动，优化学生对创业自我效能信息的认知加工，使学生重新构建针对创业活动的能力信念，从而产生高水平的创业自我效能，提高相应的学业成绩和创业意识。交互式教学周而复始地推进上述作用过程，形成交互式教学提升创业自我效能的正反馈循环。

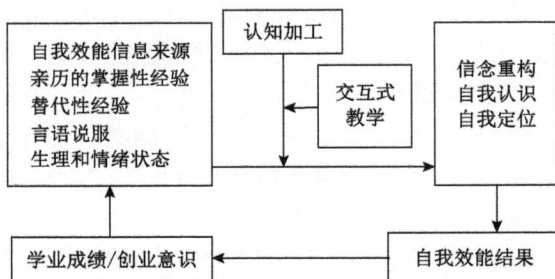

图 5-3　交互式教学提升自我效能的作用机理

交互式教学的多边、多线程具体体现为交互人员和交互载体两个要素。①交互人员。该要素又分为师生交互和生生交互两个方面。其中，师生交互更多的是角色上的转变，教师从灌输者、发布者转变为启发者、帮助者和组织者，学生从被动的、单向的知识接收者上升为教学活动的主体和教学内容的有效供给者。生生交互更多的是学生彼此之间进行的多渠道、多角度的互动学习，如讨论、交流、模仿、竞争及团队合作等。②交互载体。该要素又分为交互环境和交互内容两个方面。前者侧重于规则与情感，是培养学生创业自我效能的前提，后者侧重于知识与技能，是培养学生创业自我效能的保证，二者相辅相成，缺一不可。

3. 交互式教学的整体框架

根据集群式创业课程体系的总体架构，结合交互式教学的内涵及要素，构建面向自我效能的交互式教学总体框架，如图 5-4 所示。

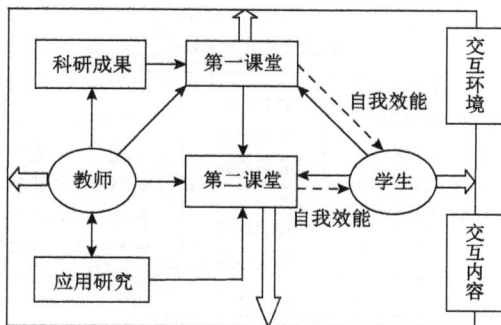

图 5-4　面向自我效能的交互式教学总体框架

5.2　依托第一课堂的教学方法开发

5.2.1　以过程为核心的通识课程

1. 交互式教学框架的设计

通识类创业课的教学理论基础是 Bygrave 和 Hofer 及 Venkataraman 等学者提出的"创业过程论"[136,137]。该理论思想在创业教学层面的直接应用体现为：创业教育主体通过将"创业过程方法"引入课堂，使创业教育客体在"创建新企业"这一从无到有的过程或某一重要过程环节的商业情景中得到创新思维、创业意识和创造能力等方面的训练与提升。

本节以"创业基础"课为例，剖析交互式教学在通识类创业课的应用。该课程是一门面向全校所有本科专业开设的创业导论课程。创业活动是富有企业家精神的创业者识别、评价和开发创业机会进而实现价值创造的连续过程[138]。"创业基础"课的教学流程基本上可以划分为创业者及创业团队认知、创业机会识别、创业机会开发三大阶段。第一阶段主要包括创业者特质、创业团队组建等教学模块；第二阶段主要包括创业机会筛选、商业模式设计等教学模块；第三阶段主要包括创业融资、新企业创立和创业计划书撰写等教学模块。在该课程的教学中，教师通过营造积极的交互环境和开发有效的交互内容作用于上述流程，使学生在三阶段交互式的学习进程中连续获取、整理和加工自我效能信息，以实现有步骤、有目标、有重点地提高创业自我效能和学业成绩，如图 5-5 所示[139]。

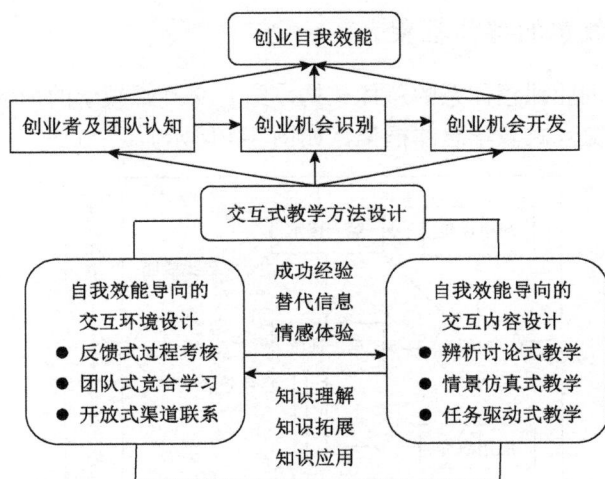

图 5-5　"创业基础"课交互式教学框架

2. 营造交互环境的教学方法设计

这方面主要体现在以反馈式过程考核、团队式竞合学习和开放式渠道联系来强化成功经验、替代信息和情感体验。

（1）以反馈式过程考核强化成功经验。考核方法作为教与学的指挥棒总是决定了学生的学法和教师的教法，因此考核目标的设置和考核结果的反馈也就成为影响学生自我效能的最重要方式。与结果目标相比，过程目标由于为学生提供了改进学习策略的机会，能够更好地提高学业成绩及自我效能[140]。为此"创业基础"课的考核方式要将结果考核与过程考核相结合并突出过程考核，根据教学流程循序渐进、由浅入深地设置考核目标，合理分配各个阶段的成绩比例。例如，该课程可以将成绩分布如下：出勤 10 分、课堂表现 10 分、创业者认知 10 分、创业机会筛选 20 分、商业模式分析 20 分、创业计划书撰写 30 分，从而使学生通过理解创业者及创业活动、创业机会筛选实训，分析创业企业的商业模式，最终完成以开发特定创业机会的商业模式为核心的创业计划书撰写。

关于每次过程考核的结果，教师一方面要及时反馈给所有学生，引导学生正确归纳原因，深刻认识到每次考核的积极回报主要取决于努力、反省等自身可控制的调节因素，并据此改善下一环节的学习策略；另一方面，教师要根据每次考核结果及时发现教学问题，优化教案以提升学生的学习效果。该课程考核的阶段性交互反馈使学生既不会因一时的成绩低落而丧失信心，也不会因一时的成绩突出而一劳永逸，而是在不断的经验积累过程中提高自我效能及学业成绩。

（2）以团队式竞合学习强化替代信息。观察榜样的活动可以获得替代性的自我效能信息，因此榜样的示范效应对学生提高创业自我效能至关重要。在榜样的选择上，年龄相仿、能力相似的同伴会让学生对自己在同等条件下取得成功的能力更加充满信心。就榜样的数量而言，多榜样示范增加了学生找到相似榜样的可能性，可以为学生提供更多的效能评价线索和依据。为此，"创业基础"课可以由教师引导学生按照性格、能力等方面的相似和互补组建创业学习小组，组内是分工协作、相互支撑的合作关系，组间则是优胜劣汰、模仿借鉴的竞争关系。

学生以小组为单位进行过程考核、研讨发言等活动。为尽量避免"搭便车"行为，小组成员以不超过 5 人为宜。每次过程考核轮流由一名小组成员协调全组同学共同完成一份报告并代表本组同学进行课上宣讲，其他组同学对其进行提问和评价。教师对每个小组的完成情况及突出事例进行点评，总结、提升进而强化教学要点。教师和学生共同组成评分委员会，根据宣讲情况进行分档评分，小组成绩即为组员成绩。具有团队性质的小组学习贯穿于教学全过程，可以充分保证学生的课外投入，推进课堂教学与课外自学相结合。小组学习也使学生在一定程度上对创业三要素之一的"创业团队建设与开发"获得亲身参与的直接经验和替代信息。正如彼得·圣吉在《第五项修炼》一书中所指出的，当团队真正在学习的时候，不仅整体将产生出色的成果，个体的成长速度也要快于其他学习方式。

（3）以开放式渠道联系强化情感体验。交互式教学既是师生之间行为上、思维上的交互，更是双方情感上的交互。积极的情感交互会对行为交互和思维交互产生巨大的促进作用；而消极的情感交互则刚好与之相反，阻碍作用明显。为此，"创业基础"课可以通过构建课上、课下、面谈、网络等多种师生间的联系渠道，帮助学生最大限度地克服学习焦虑和紧张情绪，鼓励并支持学生以勤奋执着、乐观自信、敢于竞争、追求创新的创业精神及创业者特质进行交互学习活动。

在课上，教师要以最短的时间拉近师生间的情感距离，如在教学中让学生摆放简易名牌，通过问答式、启发式等课堂互动环节尽快熟悉每位学生；教师要关注学生在每次宣讲、答辩、发言、PPT 制作等方面的进步，有导向性地给予具体的鼓励和指正，从情感上强化学生的成就动机，从而使学生产生更多的、积极的行为结果。在课下，教师可以创建课程博客、QQ 群、微信群等多种电子媒介了解学生的学习困惑、意见和建议，予以实时的解惑答疑，并将普遍性问题和相应的教改措施反馈给学生，使学生切身感受到自己是创业教学活动的设计者和利益相关者。

3. 支撑交互内容的教学方法设计

这方面主要体现在以辨析讨论、情景仿真和任务驱动对创业过程的知识进行理解、拓展和应用。

（1）以辨析讨论式教学加深知识理解。相关知识点的辨析可以帮助学生很好地利用自身已有的知识框架整合新知识，实现新旧知识的有机融合与知识图谱的有效延伸，提高学生对分析问题、解决问题的能力的信心。教学设计的关键是要引导学习小组在围绕某一主题的研讨与辩论中观察、比较新旧知识间的异同，发现已有知识体系中从来没有关注过的新特点，进而将旧知识作为学习创业新知识的跳板，把学习注意力转向并聚焦于创业新知识。例如，绪论部分可以引导学生讨论"个体创业和公司创业的差异"，使学生能够更好地掌握创业概念的内涵与外延，理解创业并不仅仅是创建一家新企业，也是现有企业为适应知识经济时代快速变革的环境而采取的一种生存方式和管理模式；创业者部分设置"创业者是赌徒吗"这样的讨论主题，启发学生进行动机、行为、后果等多个角度的比较探讨，使其明白创业者虽然具有冒险精神并从事高风险的创新活动，但更善于分担风险和规避风险，是合理风险的承担者而不是侥幸的投机者。

（2）以情景仿真式教学促进知识拓展。教师在"创业基础"课有目的地引入一些较为直观的教学案例，使学生在模拟的案例场景中进行创业学习，可以很好地满足他们的替代性经验，从而提高创业自我效能。为更好地提高学生课堂交互的积极性和效果，教学设计既要使用具有国际视野的成熟案例、世界著名创业企业及创业者，如苹果、微软等跨国公司及乔布斯、盖茨等创始人，又要结合授课学生的专业特点加大使用具有中国本土化特征的教学案例，或就地取材于学生身边的生活实例，或大家熟悉的中国典故，从而在广大学生的内心深处播下创业的种子。例如，针对计算机、网络等专业的学生，可以多选用 QQ、百度等信息技术（information technology，IT）创业企业案例进行教学。对于创业团队组建这一抽象的内容可以先从《西游记》这部经典著作入手，引导学生讨论取经团队中各成员的特点及对完成任务的作用，为学生准确归纳出创业团队的伙伴选择、角色定位奠定基础；后续再结合"携程四君子"等企业创业团队案例进行深度剖析，总结优秀创业团队的开发规律。

（3）以任务驱动式教学支撑知识应用。结合"创业基础"课的过程考核，教师可以把每次考核内容都设计成一个具体的学习任务，在分析和解决任务的过程中激发学习小组的求知欲和探索精神，提高学生学习的主动性和创造性，使学生在学以致用的过程中掌握教学重点，在亲身体验中获得成就感和自我效能。例如，创业者及团队认知部分，由于学生刚刚学习该课程，对创业者特质及创业活动还比较陌生或一知半解，第一次过程考核可以设置为：通过讲述一位创业者的经历总结创业者所应具备的素质和能力，在此基础上评估自身的差距并制订一份提升计划。学习小组之间的相互讲述以更宽广的视角和信息来源加深学生对真实创业者及创业活动的全面了解，提升计划的制订为学生在课外广泛地提升创业精神和技能进行了深层次的铺垫。创业机会识别部分的考核可以设置为：结合当年的政府工作报告和所学专业识别 5 个创业机会并进行评估排序。使学生们从当前的宏观热点问题中尝试挖掘趋势型机会和问题型机会，并进行创业计划选题。

4. 方法实施的支撑条件

综上所述,基于过程的交互式教学方法可以充分激发学生创业学习的积极性、主动性和探索性,切实提高课堂教学效果,对高校开设通识类创业课具有一定的借鉴意义。应该指出的是,该方法要在教学实践中得以顺利实施还需要以下四个方面的有力支撑。

(1)严格控制大班授课的班级容量。在教学实践中,一个教学班的人数以不超过三个自然班为宜,也就是教学班的容量在 90 名学生以内比较合适。否则,教师在大班授课、学生过多的情况下,由于时间、场地和精力所限,很难进行覆盖整个教学班的交互活动和过程性考核,甚至可能需要花费相当多的精力和时间维持教学秩序,非常不利于学生提高创业自我效能和学业成绩。

(2)最大程度发挥教学团队的成效。课程组是实施“创业基础”课的核心,因此要以课程组为主体规范该课程的教学重点和难点,统一过程考核的评分原则、标准及方式,使用统一的教学大纲。对该课程的关键知识单元进行集体备课,集体建立教学案例库、习题库、资料库,以及多媒体课件、教学视频等教学资料。在规范教学基本要求的基础上鼓励教师个体教学的独立性、灵活性和开放性。

(3)衔接好集群式课程体系的各个环节。“创业基础”课的教学内容要与其他创业类课程、创业类训练项目及创业计划竞赛等创业教育环节做好上下游的分工、配合及衔接。该课程需要掌握的基本内容、方法和技能要让学生学深学透、举一反三、触类旁通,为后续课程和项目的学习、训练奠定必要的知识和技能基础,唤醒学生的创业意识。非教学重点可以留给学生课下进行思考和自学,教学外延可以通过创业训练项目、创业计划竞赛等方式让学生“边干边学”。

(4)适时搭建 O2O[①]混合式教学平台。随着“互联网+”对教育领域的迅速渗入,以“慕课”“微课”“翻转课堂”等手段为核心的 O2O 教学[②],越来越成为高校教学方法改革的重要趋势。为此,类似“创业基础”课这种涵盖面非常广的通识课非常有必要抓紧应用先进的教育技术,适时创建集教学视频、多媒体课件、教学资料、作业练习等优质创业教育资源为一体的 O2O 混合式教学平台,让学生在课下自学完成该课程的基础知识,以便大量压缩理论授课学时,将教师从大量的重复劳动中解脱出来,将精力和时间充分用于交互式教学的课堂活动中,使课堂真正成为师生、生生之间面对面进行交互活动的场所,为师生、生生之间更为

---

① O2O: online to offline,线上到线下。

② 慕课:MOOC,英文 massive open online course(大规模开放的在线课程)的缩写。微课是指教师在课堂内外教育教学过程中围绕某个知识点(重点、难点、疑点)或技能等单一教学任务进行教学的一种教学方式,具有目标明确、针对性强和教学时间短的特点;核心是课堂教学视频(课例片段),同时还包含与该教学主题相关的教学设计、素材课件、教学反思、练习测试及学生反馈、教师点评等辅助性教学资源。

便捷地集体答疑、个性化指导、总结反馈等多边沟通提供基础性的时间、空间和必要的物质条件保障。

5.2.2　以探究为核心的专业课程

1. 交互式教学的定位

与通识类创业课的宽口径、厚基础不同，专业类创业课紧紧围绕的是该专业的学生、教师、项目、资源、特色、趋势、前沿，教学主体和客体、教学内容和方法都更为细化和聚焦，针对性和层次性也都更强。因此，在这类课程中开展交互式教学对创业教育具有极其重要的引领和带动作用。

高校要想实现创新创业教育的理念和目标，专业类创业课就必须改变目前仍然占据统治地位的以强化记忆、刻意模仿为目标，以重复性练习和标准化考试为手段的教学方法，抛弃"就理论而理论""就模型而模型""从书本到书本"等一系列严重脱离工程实践的知识传递和交换的教学过程。上述教学方法固然可以促进学生掌握基础理论知识，但培养出来的学生却是"千人一面"，毫无创造性可言，即使是最优秀的学生也只不过是能将前人早已做过、做对的事情百分之百地精确重复一遍而已。这样的学生缺乏创新思维、难以突破思维定势，远远够不上真正意义的创新创业型人才，当然也就严重背离了创新创业教育的本意和初衷。

其实早就有国外学者指出，课堂教学情景和真实创业情景下的个体在信息的获取、分析、判断等方面均存在重大差别。前者一般更加注重过去，是在系统的逻辑推理中学习，问题解决方案的形成更多的是依靠专家意见；后者一般更加注重当下和未来，更多的是在解决问题的过程中学习、在失败的经验教训中学习，问题解决方案的形成主要取决于自身的知识和价值判断，两者的区别如表 5-3 所示[141]。这些区别实际上也是某些学者认为创业不能通过课堂教授的一个重要论据。虽然学者们目前已经对创业能否教授的争论基本达成一致，但课堂教学和真实创业这两种情境之间的客观落差无疑仍是妨碍创业教育的一个巨大"绊脚石"。

表 5-3　课堂教学情景与真实创业情景的区别

课堂教学情景	真实创业情景
在分析大量数据后的判断	在有限信息下的直觉决策
认识和回忆信息	通过对信息传输的过滤进行价值理解
假定目标	识别多样的目标
通过研究信息来确认事实	通过对人的能力的信任做出决定
在理论意义上理解社会原则	通过现实社会原则应用和调试

续表

课堂教学情景	真实创业情景
寻求正确答案并实施	在压力环境下找出最合适的解决方案
在课堂中学习	边做边学
通过专家和权威人士的资源进一步查缺补漏	通过任何可能的途径对信息查漏补缺
通过书面反馈进行评价	通过对人和事的直接反馈进行评价
通过基于知识的测试评价成败	通过解决问题和从失败中学习评价成败

因此，为了弥补这两者之间的落差，专业类创业课的交互式教学就非常有必要提供一个尽可能接近真实创业情景的"训练场"。该"训练场"以工程技术产业化问题为依托，以讨论、探究等教学方法为手段，促使学生面对开放、复杂、多解的工程问题进行自主学习和研究性学习，使学生的认知思维能够比较接近真实环境中的工程师思维，在解决实际工程问题的过程中学会批判性思考、学会合作与良好沟通、学会面对不确定性规避风险，在不断"试错"的直接或间接经历中建构起自己的创新思维和创造能力，进而提升创业自我效能和创业精神。

2. 交互式教学的应用

目前，国内已有不少工科大学或工科专业积极尝试应用交互式教学方法推进教学改革，培养专业型的创新创业人才。例如，东南大学依托各院（系）开展的"大学生科研实践训练""创业计划与实现综合演练"等实训课程，北京交通大学以工业工程专业学生为主要生源推进的"导师制培养"试点班，西安电子科技大学建设的"创业之星—大学生创业模拟实验室"，汕头大学基于探究式教学开设的"土木工程设计导论"专业课，等等。

1）营造交互环境的教学方法设计

专业类创业课除了要继承上述通识类创业课的优良教学方法外，还要从以下四个方面展开。

（1）教师引导与自主学习相结合。自主学习虽然突出了学生的主体地位，但并不意味着要将教师隔离在教学活动之外，"教师+学生"的双主体才是其应有之意。师生应该在教学相长的交互过程中形成稳固的教学共同体，教师为学生创造自主学习的必要环境，而学生在遇到无法解决的疑惑时可以随时得到教师的帮助。

（2）教师布置与自主选择相结合。为了更好地激发学生的参与热情和学习潜力，鼓励学生动手实践、以创新性思维解决实际问题，教师要多设计和布置那些内涵丰富、层次鲜明的交互内容，使学生可以有更多的机会凭借他们的兴趣、能力和愿望进行自主学习，这样也便于团队内更好地分工合作。

（3）集中授课与分散指导相结合。根据课程内容、结构和特点，基础性、通用性的教学环节可以采用大班授课的方式进行，以充分利用当前有限的师资力量和教学资源；而互动性高、需要个性化指导的教学环节则要采用小班甚至更小规模的授课方式，以使教师有充足的时间和精力来保证应有的交互教学效果。

（4）教师鼓励与自我反省相结合。现实中的问题可能存在不止一种能被接受的解决方案，创新更是要承担一定的风险，因此教师要更多地采用商讨或建议的方式总结、点评学生提出的解决方案，而不要简单、粗暴地否定这些方案，否则会在很大程度上挫伤学生的积极性和自信心，要让他们在实践中通过认真比较、反思来提升创新与创业能力，树立可以创造性解决问题的自信心。

2）支撑交互内容的教学方法设计

这里着重探讨案例讨论式教学和问题探究式教学这两种常见的交互式教学方法的运作流程和注意事项。

（1）案例讨论式教学。该教学方法以"教学案例"作为创新创业活动的"模拟训练场"，使学生能够在案例设置的情景中进行较为"设身处地"的研讨，在一定程度上切身体会到工程师面对工程事件时的复杂境地和艰难抉择。这种情景化的教学方法不仅加深了学生对工程知识的理解，而且强化了学生对工程知识的应用，使学生通过替代性经验提高分析和解决复杂工程问题的能力及自信心。

需要强调的是：教师使用的教学案例一定要来源于复杂环境中的真实工程实践，只有这样才能真正起到交互式教学的效果；而案例的形式则可以在满足教学目标的前提下灵活多样，既可以是一个完整的工程事件，也可以是一个工程事件的简化，还可以是几个不同工程事件的组合。教师应用案例进行教学，一方面要与学生共同分析案例，让学生评价案例中的原有解决方案，提出自己的改进思路、改进方案或者是其他可能的解决方案，以使学生获得处理该类事件的思路、经验和教训，做到"举一反三"；另一方面要刻意改变案例发生的背景条件或资源约束条件，鼓励学生自主处理不同背景、不同约束条件下的相同或相近事件，提出新的应对思路和应对方案，并能够进行方案间的比较、交流、评价和取舍，做到"触类旁通"。案例讨论式教学的流程如图 5-6 所示。

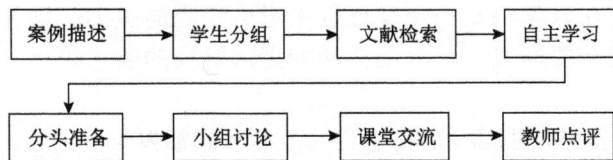

图 5-6　案例讨论式教学的流程

（2）问题探究式教学。该教学方法以"待解决的、开放的工程问题"作为创新创业活动的"模拟训练场"。和案例讨论式教学一样，教师所布置的待解决问题一定要来源于真实的工程实践，这些问题根据教学需要既可以是共性问题，也可以是工程难点。问题的设置要能够引导学生尽量应用本专业的综合知识及方法进行独立思考，使学生在对问题探究的研究性学习中获得新知识，通过运用在问题探究过程中所获得的直接经验提高分析和解决复杂工程问题的能力及自信心。

教师可以根据具体的教学需要布置给各小组相同的探究问题，也可以布置不同的探究问题，这两种方式各有利弊。布置相同探究问题的优点是：便于小组之间进行比较和借鉴，取得更好的学习效果；也便于教师采用统一标准进行评价。缺点是：各小组都探究同一个问题，就事论事，视野容易狭窄。布置不同探究问题的优点是：对学生从其他小组的探究结果中了解和熟悉更多的问题及扩大视野具有积极意义。缺点是：小组之间的竞争会弱化，各小组的探究结果缺乏直接的比较，教师需要找出不同问题的共性评价基础，并对各小组的探究结果进行比较和评价。这实际上涉及的是教师评价学生的探究结果究竟要评价什么，显然评价的不应是对知识的记忆和复述能力，而应是对知识的应用和迁移能力，使学生坚信自己已经具备了能够解决某些带有不确定性、复杂性的工程问题的创新思维和创造能力，以提升自我效能。问题探究式教学的流程如图 5-7 所示。

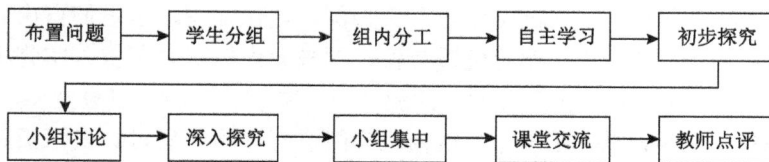

图 5-7　问题探究式教学的流程

（3）两种教学方法的异同。两者的相同之处在于：它们都是通过情景训练促使学生深入参与到学习内容中，通过团队学习促使学生与学习过程高度协同，因而在情景设置合理、组织得当的情况下，两种教学方法都可以很好地提高学生的学习效率和效果，使学生获得相当程度的创业自我效能。两者的不同之处在于：教学案例一般是相对完整的，案例中解决问题的思路可以为学生提供某种借鉴和启发，有利于学生以此为基础提高自身分析和解决问题的能力；而所要探究的问题往往是不完整的，而且没有更多可以借鉴和参考的解决思路，要求学生自主寻找解决问题的途径和方法。总而言之，与问题探究式教学相比，案例讨论式教学的系统性要强，而复杂性和实践性要弱。因此，两种交互式教学方法在专业类创业课中既可以单独使用，也可以组合使用，如教师可以先使用前者启迪学生进行更多的思考和模仿，再使用后者让学生进行更多的自主探索和尝试。

3）探究式教学的实例分析[①]

武汉科技大学是一所省部共建的湖北省省属重点大学，并有宝钢等多家大型国有钢铁集团公司参与建设。该校在 2013 年年初，以机械自动化学院为试点，尝试在整个本科四年的课程教学中全程培养大学生的创新创业能力，为此进行了诸多探索。

在交互环境方面，①武汉科技大学机械自动化学院明确要求所有的主干课程必须以小班研讨的方式授课。为此筹集专款 36 万元建设了 9 个专用研讨教室，并将研讨课的课时费提高了 20%。这是因为小班研讨虽然促使学生了解了大量的专业前沿信息，但也增加了教师的授课难度，教师需要花费更多的时间备课才能应对学生们提出的各种问题。②武汉科技大学机械自动化学院为了使学生在理论与实践的互动中、在创意向加工转化的过程中提升创新创业能力，专门腾出办公场所给广大学生打造"创客空间"。在这里学生可以围在一起研讨，可以在车床、铣床、数控机床前加工，还可以用 3D 打印机打印零部件。③在试点班级每 5 名学生配备 1 名专业导师。这种"师傅带徒弟"的方式有些类似于研究生培养，由于师生课下交互的时间比较充分，专业导师的指导更具有针对性。例如，有的专业导师鼓励学生将好的创意和产品转化为专利，不仅帮助学生修改专利申请书，还帮助学生联系专利代理机构；有的专业导师通过向学生提供疑难问题的解决线索，帮助学生解决专业竞赛中的技术障碍；等等。

在交互内容方面，以"机械原理"课为例，在该课程，学生们自由分组，在教师的指导下设计自己感兴趣的机械装置，并被允许以影音图像、实物模型等任何方式进行课堂展示。在探究式学习的驱动下，课下同学们分组查资料、搞设计、做课件，课上围绕某项机械设计的结构或功能进行热烈的研讨。气氛活跃、广泛参与的探究式教学方法极大地激活了学生的创新意识和动手能力，应运而生了许多非常优秀的机械设计创意。例如，应用于火情侦察的爬楼机器人，就是在课堂上经过同学们的反复争论、取长补短，并在教师的点拨下设计制造出来的，该成果后续获得了全国大学生工程训练竞赛二等奖。

5.3　依托第二课堂的教学方法开发

5.3.1　大学生创业计划竞赛

1. 大学生创业计划竞赛的演化

"创业计划"是创业者就某一具有市场前景的产品、服务或技术向风险投资家

---

① 该部分内容整理自《中国教育报》的相关报道，原文见 2016 年 7 月 20 日的《中国教育报》第 1 版《武汉科技大学机械学院打造创新人才培养"试验田"——让学生成为"双创"时代的幸运儿》，作者：程毓、柯进。

游说以取得风险投资的一种可行性报告[142]。1984 年，美国得克萨斯大学奥斯汀分校商学院创办了世界上第一个大学生创业计划竞赛"Moot Corp 创业计划大赛"。该竞赛的创办初衷非常淳朴，两名 MBA 学生希望商学院能够像法学院的"模拟法庭"（Moot Court）一样，对创业活动进行模拟，即组建创业团队、构思商业创意、开发书面的创业计划，并将其提交给由创业者、风险资本家、会计、律师等组成的专家小组进行审核。尽管当年该校的教师委员会并不十分认同学生的这项提议，仅以微弱优势勉强通过，但创业计划竞赛的出现却完全超出了专家们的预期，逐渐席卷全球成为创业教育不可或缺的重要内容。截至 2004 年，美国排名前 100 位的大学中，已有 78 所大学在创业管理或小企业管理领域提供专门的创业计划教育[143]。这也从一个侧面充分反映出受教育者参与到高校的教育教学改革中，对于提升改革质量具有非凡的意义。

　　和 Moot Corp 创业计划大赛齐名的另一个世界级赛事标杆，是创办于 1990 年的麻省理工学院十万美金创业大赛。该赛事遵循"与社会经济发展趋势相吻合"的办赛理念，设有"商业创业奖"和"社会影响力奖"两个奖项。前者注重特定市场的高科技项目，后者关注为低收入地区提供的服务项目，分别对应技术创业和社会创业，意义深远。十万美金创业大赛的流程分为半决赛评选、领域最佳评选和年度最佳评选三个阶段，如图 5-8 所示。从历年的竞赛结果来看：工程专业学生和斯隆管理学院学生组成的跨学科团队往往是最佳组合。在竞赛的指导和资助方面，麻省理工学院为每个进入半决赛的团队配备了导师和启动资金，包括一名风险投资导师、一名法律导师、1000 美元的账户及价值 2500 美元的律师咨询和营销咨询，以帮助创业团队基于实践更好地完善创业计划。

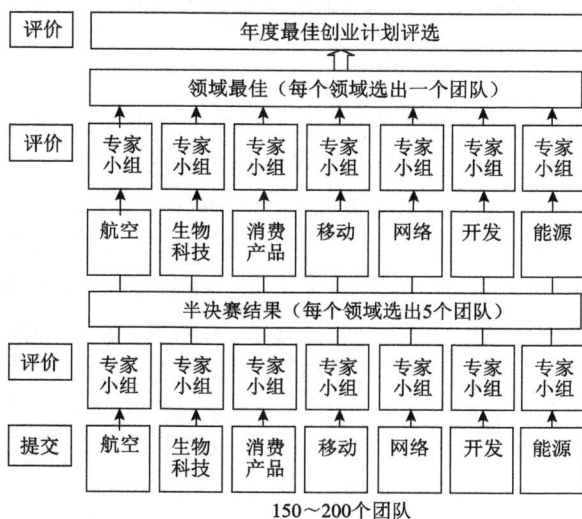

图 5-8　麻省理工学院十万美金创业大赛流程

1998 年麻省理工学院的创业计划竞赛传入我国校园，并于 1999 年在共青团中央等多个部门的支持下迅速发展为"挑战杯"中国大学生创业计划竞赛。该赛事的官方背景使其备受国内各大高校及地方政府的瞩目。截至 2014 年该竞赛已经连续成功地举办了九届，并不断呈现出一些新的亮点，成为目前国内级别最高、规模最大、影响最广的大学生创业类竞赛，历届赛事概况如表 5-4 所示。

表 5-4　历届"挑战杯"中国大学生创业计划竞赛概况

届次	举办时间	承办高校	赛事亮点
第一届	1999 年	清华大学	—
第二届	2000 年	上海交通大学	—
第三届	2002 年	浙江大学	赛前吸引了部分风险投资
第四届	2004 年	厦门大学	台湾首次派队参加，香港、澳门的大学应邀观摩
第五届	2006 年	山东大学	邀请社会知名人士担任大学生创业导师；港澳台地区全部参赛
第六届	2008 年	四川大学	—
第七届	2010 年	吉林大学	"创业之星"网络虚拟运营竞赛
第八届	2012 年	同济大学	参赛作品被分为"已创业"和"未创业"两类；设立网络虚拟运营专项赛
第九届	2014 年	华中科技大学	更名为"创青春"创业大赛，分为创业计划竞赛、创业实践挑战赛和公益创业赛三个类别

2. 我国存在的问题及交互式教学应用

从国际比较和自身发展两个角度剖析我国创业竞赛面临的问题，并以此为依据开发交互式教学方法。

1）问题分析

从中、美两国创业计划竞赛的横向比较来看，两国竞赛的运行机制、竞赛组织、参赛对象、竞赛样式、竞赛结果、国际化等方面都有诸多差异，如表 5-5 所示。这些差异所反映出的差距主要表现为以下两点：①美国的创业计划竞赛实战性非常强，早已不是学术模拟，按照创业计划的构思去付诸实践的大有人在，如 Moot Corp 竞赛每年都会有 1/4 左右的团队去创办企业。而我国的创业计划竞赛实战性很弱，参赛团队提交的创业计划书往往会省略最为困难的执行部分而直接体现为"创业愿景"，从而呈现出一种带有电影剪辑色彩的"创业蒙太奇"效应，参赛后真正能去创办企业的学生更是非常的"珍稀"。②美国的创业计划竞赛属于市场化运作，创业计划获得风险投资的几率较高，如 Moot Corp 竞赛每年都会与得克萨斯州风险资本会议同期举办。赛事组织者为参赛团队创造机会近距离学习真实创业者的融资技巧，为参赛团队免费提供展区直接与风险投资家进行洽谈，并邀请为数众多的风险投资家担任竞赛评委。而我国当前的创业计划竞赛还没有完全走出"象牙塔"的束缚，评委中的企业界、金融界人士比例较低，企业界对创业计划竞赛一直保持着某种"冷眼旁观"的姿态。

表 5-5　中、美大学生创业计划竞赛情况对比

	美国	中国
运行机制	市场化运作，有大量风险资金介入	政府主导，社会各界参与较少
竞赛组织	没有全国统一的组织机构，主要以高校之间的巡回和联盟的形式出现	有全国统一的组织机构，从校级、省级、国家级对参赛者进行层层筛选
参赛对象	有一定的开放性，部分高校为提高影响力也向其他高校的学生开放	完全封闭，校级竞赛只针对本校的学生开放
竞赛样式	多样，各个高校的竞赛具有竞争性，能够体现出各个高校的办学特色	单一，各个校级竞赛之间没有任何关系，自上而下地执行一种样式
竞赛结果	有相当比例的计划书得到执行	主要是学术训练或模拟创业
国际化	逐渐向欧洲、亚洲和非洲国家拓展	仅涵盖中国内地和港澳台地区

从我国创业计划竞赛发展历程的纵向比较来看，目前赛事的最大问题是过于功利化，这也主要表现为两点：①由于学生参加各类科技竞赛的成绩与政府主导的学校排名直接相关，各个高校都以极大的热情组织学生参加创业计划竞赛。但很少有学校将该类竞赛真正纳入人才培养体系的整体建设中，将其作为培养创新创业型人才的重要出口，在课程支撑、指导教师配备、创业资金扶持、科技成果转化等各个方面予以充分的协调和保障。在这种情况下，参赛团队之间比拼的恐怕主要不是学生的创新创业能力，而是经过包装上市的学校科研实力。②由于参加各类科技竞赛的成绩与学生的奖学金、保研等个人利益直接相关，有相当一部分学生参赛的目的就是现实的物质奖励和保研排名，而不是在实践中锻炼自己的创新创业能力，更不是提升自己的创业精神。在投机心理的驱使下，这些参赛团队或个人所完成的创业计划往往就是纸面上的东拼西凑或张冠李戴，而与学校科技成果的转化、学生创意的落实并没有什么实际关联。

2）交互式教学的应用

营造交互环境的教学方法设计主要包括：①通识类、专业类、实践类创业课要与创业竞赛做好必要的前后衔接，学生要自然而然地在这些课程的学习过程中孕育出参赛团队，而不要以临时凑数的形式组团。而且跨专业的参赛团队在比赛前就已经历过必要的磨合，在很大程度上可以保证团队成员的理念、思路和纪律等方面步调一致。②以规定上限的方式适当降低竞赛成绩与学生物质奖励或保研等方面的直接关联。尽量创造出一个没有功利化或功利化氛围较为淡薄的竞赛环境，使真正希望提高自身创新创业能力和真正有创业需求的学生能够脱颖而出。③在竞赛的合适阶段应该增加企业兼职指导教师和企业评委的数量，邀请真正具有市场经验的企业界、金融界人士和高校教师共同指导参赛团队，使参赛团队的创业计划真正具有实践操作意义上的可行性。

在支撑交互内容的教学方法设计方面，我国最早的风险投资家之一、"挑战杯"全国决赛评委——元志中先生用于辅导参赛学生而设计的"元氏九问"，非常具有针对性。图 5-9 显示的这九个创业问题逻辑缜密、层层递进、环环相扣。如果参赛学生通过认真思考和反复论证，能够很好地回答上来这九个问题并据此实施，就可以在相当程度上避免前文提到的"创业蒙太奇"效应，大大提高创业计划的可操作性和实战性。为此，指导教师和参赛团队可以围绕"元氏九问"在新创企业的企业使命、商业模式、资源互补、风险防范、产品研发、市场营销、知识产权等方面，开展有效的多边沟通、交流、论证及实践，使参赛团队在接连解决一个又一个问题的具体过程中不断提升创新思维和创造能力，并逐渐树立起对自身创新创业能力的坚定信念，以更好地通过竞赛开展创新创业活动。

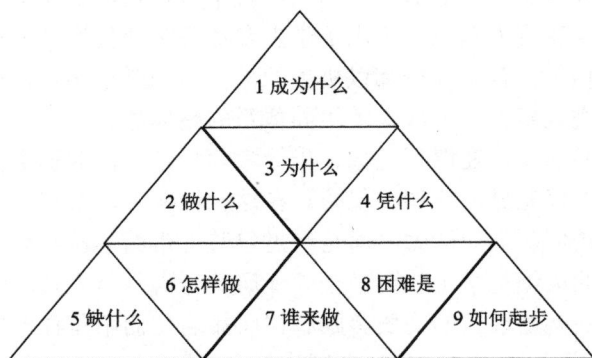

图 5-9　元志中设计的"元氏九问"

5.3.2　大学生创新创业训练项目

1. 交互式教学框架的设计

"大学生创新创业训练计划项目"是教育部继"大学生创新性实验计划项目"之后，为全面提高本科教学质量、培养创新创业型人才而实施的又一重要举措。大学生创新创业训练计划项目共包含创新训练、创业训练和创业实践项目三个类别，其构成如图 5-10 所示。

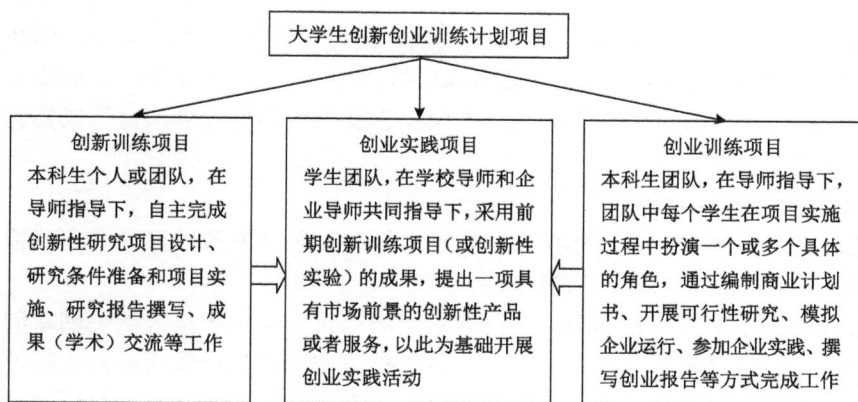

图 5-10   大学生创新创业训练计划项目的构成

　　就交互载体而言，如果说案例讨论式教学和问题探究式教学主要强调知识的获取和应用，那么项目参与式教学则更加强调知识的集成和创新。它比前两种具体教学方法所包含的待解决问题更多、难度更大，所需要的时间一般也更长。因此，大学生创新创业训练计划项目的顺利完成往往需要师生、生生之间投入更多的时间和精力进行更多的交互活动，合作开展更为深入的创新创业实践。就交互人员来说，一方面，大学生创新创业训练计划项目中的学生团队拥有高度的自主权，可以全权组织项目的实施，需要从全局的角度组织、协调好个人与团队、局部与整体的关系，并以"干中学"的方式掌握和应用创新创业知识；另一方面，大学生创新创业训练计划项目的两位指导教师也各有分工，学校导师的作用主要是帮助学生把握项目设计的科学性和解决项目运行中的专业难点，而企业导师的作用则主要是帮助学生对项目的可行性、市场化技巧及运营管理等方面的问题进行把关。综上所述，基于大学生创新创业训练计划项目的交互式教学框架如图 5-11 所示。

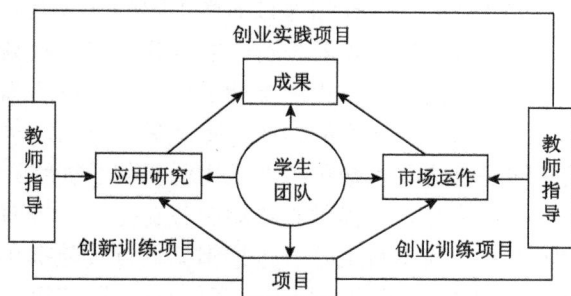

图 5-11   基于大学生创新创业训练计划项目的交互式教学框架

2. 交互式教学的应用

大学生创新创业训练计划项目自 2012 年设立以来，立项数屡创新高。以国家级项目为例，2015 年的数量高达 29 339 项，同比增长 15.17%；其中，创新训练项目 24 864 项（占 84.74%）、创业训练项目 3068 项（占 10.46%）、创业实践项目 1407 项（占 4.80%）。时至今日，大学生创新创业训练计划项目已成为实施交互式教学的重要手段之一。

1）营造交互环境的教学方法设计

这方面主要体现在鼓励学生参与教师课题、加强资源条件建设和改革项目结题机制，以强化自我效能的信息来源。

（1）鼓励学生参与教师的应用研究。一般来说，学生申报大学生创新创业训练计划项目的项目来源主要有三个：一是根据专业知识和市场需求自主进行的选择；二是根据专业教师的建议进行的选择；三是所承担的专业教师科研项目的一部分。由于指导教师的时间和精力有限，就师生间的交互效果来看，前两个项目来源不如第三个。高校教师所从事的科学研究一般有基础研究、应用基础研究和应用研究。比较而言，本科生的专业知识及能力储备不足，很难承担起基础研究和应用基础研究这两种类型的研究工作；而应用研究贴近学生将来所要从事的工作实践，又对专业理论知识的要求相对较低，学生参与的动力和兴致往往都很高。学生在专业教师的指导下开展应用研究，无论成功与否都会对其职业生涯定位及规划产生较大的影响。因此，学校应该多鼓励学生选择技术原理比较成熟的应用研究，定期发布教师横向课题指南为师生交互提供条件，并优先支持参与课题指南的学生团队。

（2）面向学生加强开放性资源的建设。大学生创新创业训练计划项目虽然以大学生创新性实验计划项目后继者的面貌出现，但学生所要承担任务的深度、广度和难度都要高于前者。因此，高校要充分重视实施大学生创新创业训练计划项目所必需的资源支撑条件建设。一方面，要在大学生创新性实验计划项目的基础上，面向承担大学生创新创业训练计划项目的学生团队开放更多的各级各类实验室、工程技术中心、计算机机房，以及相对应的实验仪器、检测仪器、计算机、专业软件等软硬件设施，盘活学校可用于支持学生开展项目训练的固定资产，为学生开展创新创业活动提供更加坚实的物质保障。另一方面，学校的创业中心、校内外的实习实践基地等机构要积极承担大学生创新创业训练计划项目的训练任务，在企业导师和创业孵化等方面提供必要的服务支持。以华南理工大学为例，该校为支撑学生大胆创新，向本科生开放包括国家重点实验室在内的所有科研基地，学生依托这些科研基地所研发的产品多次获得"互联网+"等全国大学生创新创业竞赛的大奖。

（3）实施分类考核及过程性结题机制。为使大学生创新创业训练计划项目在引导大学生创新创业活动方面更加具有导向性、针对性和客观性，其结题机制应该更加突出过程训练、突出项目效果。就大学生创新创业训练计划项目的实施目标而言，最重要的应该是培养学生以科学的思维及方法去分析问题和解决问题，至于能否依托该项目形成创新性的学术成果则是相对次要的，毕竟学生的专业知识和学术能力都比较有限。因此，大学生创新创业训练计划项目在总体上应当改变当前过分看重公开发表学术论文、取得专利这样单一的、结果性的结题指标，因为这类指标往往很难反映学生在筹划、应变、实践等方面的认知思维及能力，更多的还是在围绕着书本和理论绕圈子，相当一部分成果根本看不出来有什么实用价值。此外，由于三类项目的定位不同，其评价的内容也应有所不同。创新训练项目更加强调规范性和新颖性，而两个创业类的项目则更加强调实践性和可操作性。因此，大学生创新创业训练计划项目非常有必要加大如"实验（调查）报告与解决方案""创业策划和新企业创立"等针对性、过程性更强的结题内容的比重。

2）支撑交互内容的教学方法设计

这方面主要体现在引导学生在全程的参与性和研究性学习中，形成独立人格和综合实践能力，提升创业自我效能。

（1）引导学生形成独立人格。在实施大学生创新创业训练计划项目的过程中，无论是设计创新性研究内容、准备研究条件、分析实验数据、撰写研究报告、交流研究成果，还是开展可行性研究、编制商业计划书、模拟企业运行，学生们所遇到的困难并不仅仅是欠缺专业知识那么简单，更多的障碍来自面对学校教育与社会环境的脱节、理论与实践的矛盾、团队分工与协作的冲突等方面的困惑和无所适从。因此，指导教师与学生的交互内容就不限于帮助学生克服知识方面的欠缺，还要通过言传身教和适当的管理手段帮助学生形成独立人格及创新创业所应具备的基本素质。通过师生间的交互，学生从老师和同学身上学会做人做事、动手动脑，学会与他人有效沟通，只有这样才能真正形成一种创业意识和创业精神。

（2）引导学生获得综合实践能力。学生只有全程参与大学生创新创业训练计划项目，尤其是依托专业教师应用研究开展的大学生创新创业训练计划项目，才能在与指导教师的交互过程中进行真正意义上的研究性学习，从而形成综合实践能力。因此，指导教师要有意识地设计交互内容，训练学生形成以下能力：项目申请阶段的共性问题概括能力，项目研发阶段的动手能力、组织能力、实际问题解决能力，项目收尾阶段的成果凝练能力[144]。在依托专业教师项目的大学生创新创业训练计划项目中，学生直接参与教师的应用研究，可以更多地接触到指导教师，学到很多课堂上、书本上接触不到的实践经验和具有强烈感性认识的理论知识，从而跳出书本、走出课堂、拥抱社会，以立体化的视野来重新审视自己的专业，为成为创新创业型的专业人才奠定认知基础。同时，这也为有志于创业的学生在项目实施过程中发现专业创业机会提供了契机。

5.3.3 企业孵化器和大学科技园

1. 企业孵化器和大学科技园的演化

孵化器原本指的是借助于电子设备，创造适宜的外部环境以孵出鸡鸭幼雏的人工孵卵器具。1957 年美国诞生了世界上第一家为新创企业提供服务支持的组织机构"贝特维亚工业中心"。该中心由于第一批入驻企业中有一家养鸡厂，从而引发人们的联想，将该中心称为"企业孵化器"[145]。20 世纪 80 年代以来，伴随着中小企业的崛起，企业孵化器在世界范围内迅猛发展。1987 年，我国顺应世界潮流创办了第一家企业孵化器"武汉东湖创业中心"。从创建第一家企业孵化器开始，我国政府就将企业孵化器的作用定位在促进高新技术成果转化、孵化高新技术企业、培养科技型企业家三个方面。根据这个定位，我国的企业孵化器又被称为"科技企业孵化器"。为此，科技企业孵化器作为我国政府扶持科技型中小企业的一个重要工具而被广泛使用，如图 5-12 所示。截至 2014 年，我国已创建科技企业孵化器 1748 家，总体规模在世界上紧随美国居于第 2 位，这些科技企业孵化器共吸纳在孵企业 78 965 个、累积毕业企业 61 944 个。

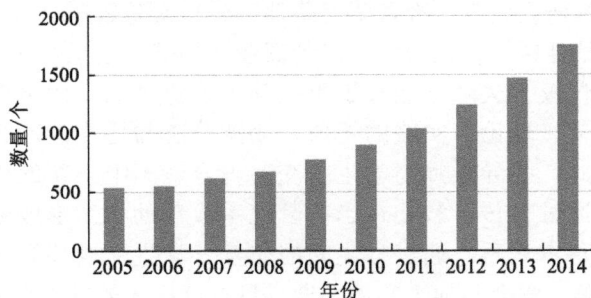

图 5-12　我国 2005～2014 年所创建的科技企业孵化器数量

在美国斯坦福研究园催生硅谷高技术产业集聚区的影响下，世界各国均努力激发本国高水平大学积极参与创建技术创新与企业孵化机构。例如，斯坦福大学师生创办企业的产值超过硅谷总产值的一半；剑桥科学园及周边地区的 1000 多家高技术公司中，50%以上的企业与剑桥大学保持着联系，园内的所有企业都可以使用大学的数据库。我国台湾新竹科学工业园内的许多精英来自台湾"交通大学"、"清华大学"和"工业技术研究院"，更有许多公司，是由这两所高校校友及"工业技术研究院"离职员工所创，或衍生于"工业技术研究院"所执行的技术专案[146]。

在这种背景下，1999 年我国试点建设国家大学科技园。大学科技园的核心功能是企业孵化器功能，旨在为大学衍生的科技企业或其他新创企业提供必要的孵化服务，以提高这些企业的生存几率。只不过与以往的企业孵化器相比，大学科技园的孵化服务可以分为两大类：一类是传统服务，包括共享办公设施、商务计划建议、资金获取渠道、商业网络等；另一类是与大学有关的服务，包括共享图书馆、实验室、计算机网络、科研活动、技术成果转化程序、企业员工培训及顾问咨询、大学无形资产等[147]。截至 2014 年，我国高校已创建国家大学科技园 115 家，上报火炬计划统计的 113 家园区吸纳在孵企业 9972 个，累计毕业企业 7192 个。我国 2005～2014 年创建的国家大学科技园数量如图 5-13 所示。

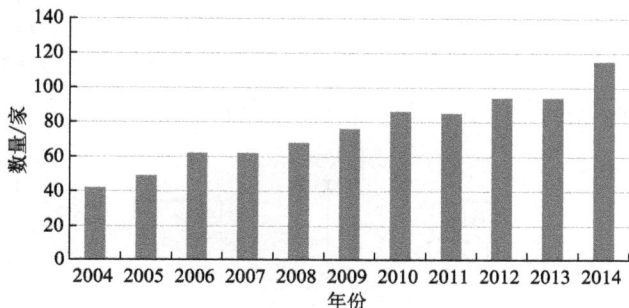

图 5-13　我国 2004～2014 年所创建的国家大学科技园数量

2. 交互式教学的应用

大学科技园作为支撑高校开展创业教育最重要的实践平台之一，可以依托"高校→园区→企业"三方相互支撑的服务体系，以实践经验丰富的创业导师资源为载体，从创业实践教学环节、创业实践项目和创业企业三个层面培育、孵化大学生创业人才及企业，使不同需求层次的大学生在实践中接受相应的创业指导及服务、积累相应的创业经验，获得极大的创业自我效能，从而迅速地成长起来。基于大学科技园的交互式教学框架如图 5-14 所示。

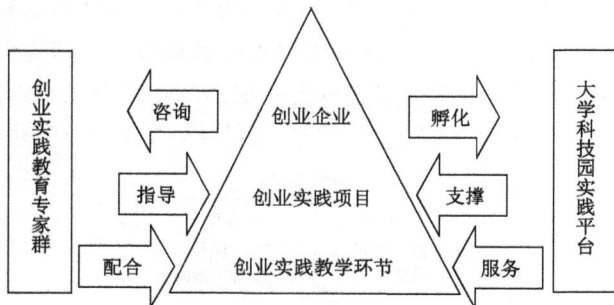

图 5-14　基于大学科技园的交互式教学框架

（1）营造交互环境的教学方法设计。这方面主要是为大学生创业者获取创业资源提供"牵线搭桥"的服务支持。与以往不同的是，随着当前信息网络技术的快速崛起，大学科技园的交互环境也在发生深刻的变化。研究表明：信息技术特别是跨组织的信息系统能提高组织关系的效率，减少信息的通信成本，增强组织间信息存储和处理的能力，增加供选择的潜在合作企业间的相互依赖和紧密程度[148]。因此，网络服务平台理所当然地成为大学科技园所营造的交互环境的关键组成部分。该平台是大学科技园孵化资源的信息集散地，可以为创业者提供相同需求标准化、不同需求模块化的接口服务，实现"互联网+企业孵化"的网络孵化功能。网络服务平台通过整合、识别、匹配高校、企业、政府、金融、中介及其他社会机构的各种孵化信息流，最大限度发挥技术、市场、资金等各种孵化资源的综合效益，为创业者将技术迅速推向市场、实现技术的商业价值提供敏捷、灵活的服务支持[149]。该平台的模型如图 5-15 所示。

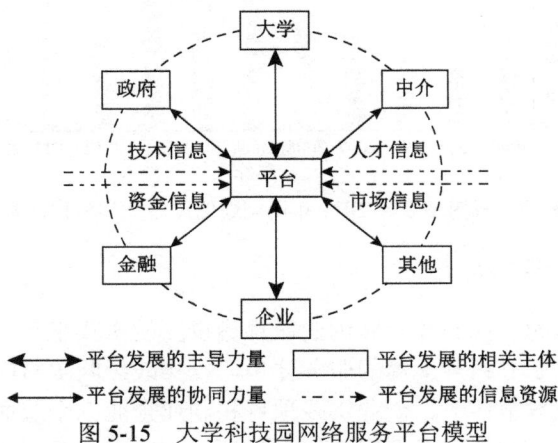

图 5-15　大学科技园网络服务平台模型

（2）支撑交互内容的教学方法设计。知识的类型根据其获取方式的差异，可以分为显性和隐性两种。前者指的是可编码、易传播的知识，如语言、文字、数据库等；后者刚好与前者相反，由于具有高度的个人化特征而不易编码传播。就两者的关系而言，显性知识只是"冰山浮出水面的部分"，而隐性知识才是"冰山位于水面之下的主体"。日本著名学者野中郁次郎和竹内弘高为此构建的隐性-显性知识转化模型，受到了世界范围内的广泛认可，如图 5-16 所示。

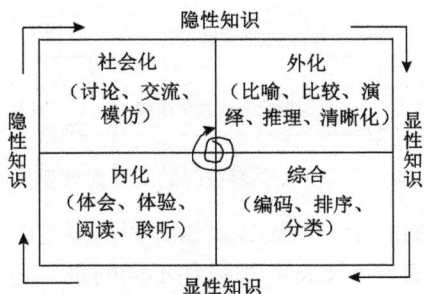

图 5-16　隐性-显性知识转化模型

　　为促使创业者将更多的隐性知识转化为可被大学生吸收借鉴的显性知识，可以从以下三个方面开展基于大学科技园的交互内容。在创业实践教学环节方面，大学科技园可以配合学校教学部门整理总结大学生团队的创业案例，请大学生创业者"现身说法"；组织创业专题讲座和创业沙龙，为在校大学生与创业导师提供对话交流的机会；可以推荐具有创业激情、意愿及能力的大学生进入园区企业实习。在创业实践项目方面，大学科技园的创业导师可以指导学生创建工作室，依托创业项目从事创业活动，直接接触市场，亲身体验和经历创业的复杂环境及过程，并向园区推荐优秀的创业项目给予资助。在创业企业方面，大学科技园及创业导师可以支持有条件的大学毕业生创建自己的企业，在一定程度上抵消大学生创业者在场地、资金、市场、经营等方面的创业顾虑，帮助大学生创业者节省创业试错方面的成本和时间。例如，华南理工大学将科技园与学校常规教学相结合，在园区内建立三个大学生创业实践基地；清华大学科技园紧密承接大学生创业竞赛，积极引导获奖团队进入园区进行科技企业孵化和创新创业人才培养[150]。

第6章 工科大学创业教育模式再造的实施保障

6.1 创业教育评价体系的构建

6.1.1 创业教育评价综述

根据创业教育的不同评价目标，可以将其分为宏观政策与发展现状评价、过程评价和影响力评价三种类型[151]。第一种类型旨在通过宏观政策的大尺度规划，提高高校整体层面的创业教育水平；第二种类型旨在通过高校自身的中观尺度监测来反馈创业教育的实施情况；第三种类型旨在通过微观个人的小尺度衡量创业教育对学生的影响。本书所指的评价体系属于第二种类型，评价的目的在于通过"以评促建"落实再造的创业教育模式，提高、改进当前高校的创业教育质量。目前，国内外学者对于该类型的创业教育评价主要包含以下三个方面。

1. 评价时点

各国或地区的统计数据表明：大学生从接受创业教育到创建新企业之间存在一个明显的"时滞效应"[152]。尽管时滞的长短在各个国家或地区有所不同，但它确实具有普遍性。一般来说，创业活动蓬勃的国家或地区间隔的就较短，反之则间隔的较长。造成时滞效应的原因可以用图 6-1 来解释。众多学者指出：创业教育确实可以从态度、知识和能力方面增强大学生的创业胜任力，提升他们的创业自我效能，但由于创业活动是创业者外部因素（创业环境、创业机会等）和内部

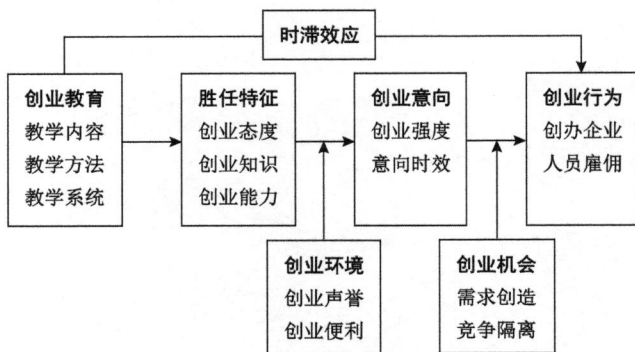

图 6-1 创业教育时滞效应的形成原因

因素（经验积累、资源属性等）相匹配的结果，大学生创业者仍然需要经历一个较长时期的探索过程才能创建新企业[153,154]。因此，评价创业教育的效果应该充分考虑时滞效应的影响，分时间段开展比较合理。

这方面的代表性成果是 Block 和 Stump 所构建的评价指标体系，如图 6-2 所示。该体系将创业教育效果的时间段分为学习期间、结束后不久、结束后 0～3 年、结束后 3～10 年、结束 10 年后共五个时间段，各时间段对应着不同的评价指标，进而可以分别测度高校创业教育在不同时间段的效果[155]。

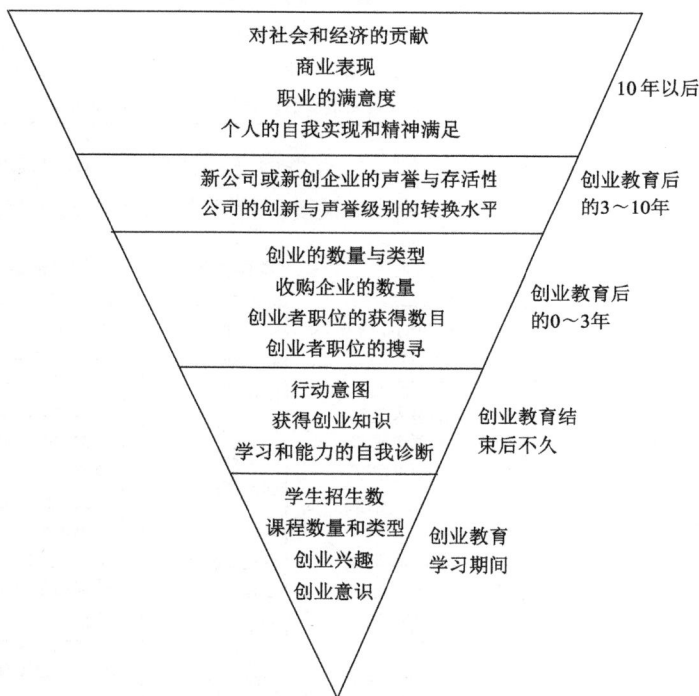

图 6-2　基于时间分布的创业教育评价指标体系

2. 评价内容

根据本书的评价目的，本书所选取的评价时点是 Block 和 Stump 所指的创业教育学习期间。目前，国外学者在这方面的主流思想是基于高校所拥有的创业教育资源和所获得的创业教育支持对其进行间接评价，更多的是一种投入性的评价。例如，美国著名学者 Vesper 和 Gartner 通过电子邮件调研 914 所美国商学院、42 所加拿大商学院及 270 所海外商学院的院长，汇总得出了如表 6-1 所示的高校创业教育评价指标重要性排序，由高到低依次是：提供的课程、教师的出版情况、社会影响力、校友参与情况、创新、校友创业情况、学者的外延拓展活动[156]。Robinson 和 Haynes 认为，创业教育项目的质量可以从本科生和研究生层次的课程数量、正规的学术项目、人力资源（教师和工作人员）、组织结构、奖学金、获得支持的学生创业组织（创业俱乐部、创业社团）六个方面衡量[157]。

表 6-1　Vesper 和 Gartner 提出的高校创业教育评价指标

指标	内涵	重要性排名
提供的课程	课程数量、班级规模、学分数、教学方法等	1
教师的出版情况	出版的论文、著作	2
社会影响力	公共座谈、学生咨询项目、大学衍生公司	3
校友参与情况	校友以投资者、合作者或者雇员的身份参与高校毕业生创业的情况	4
创新	既包括创业项目中校友的革新，也包括项目本身的革新	5
校友创业情况	校友创业数、企业发展情况	6
学者的外延拓展活动	主持会议、主办刊物、传播新的教材、公布简讯、帮助其他学院	7

Pittaway 和 Edwards 构建了一个创业教育类型及评估框架，用以阐明不同形式的创业教育在学习成果的类别、课程重点、关键评价要素上的差异，如图 6-3 所示。

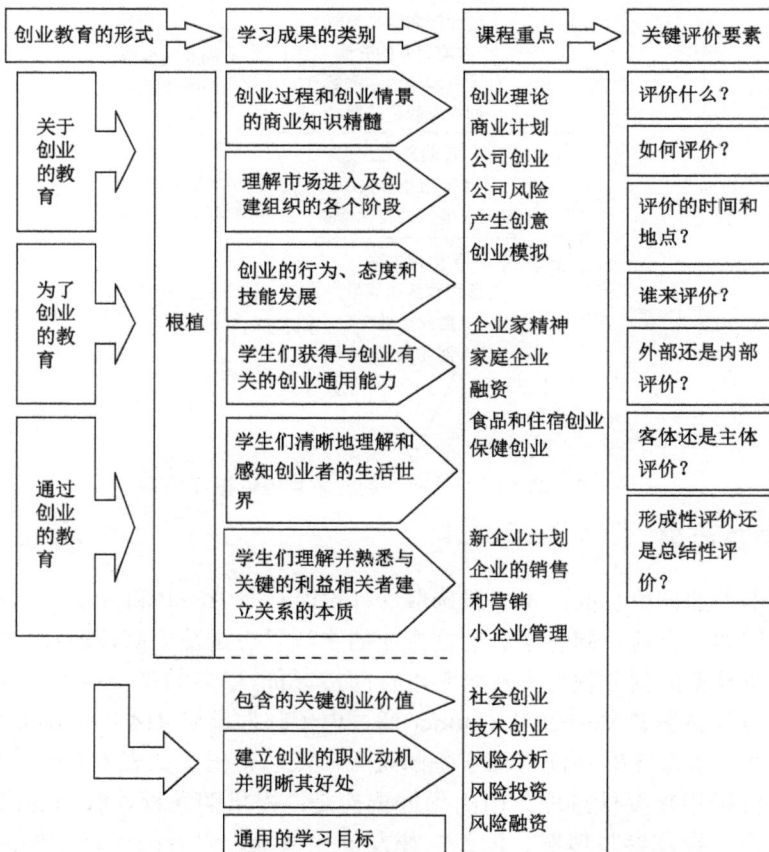

图 6-3　Pittaway 和 Edwards 提出的创业教育类型及评估框架

他们通过对英、美两国学生的实证研究发现，目前创业教育的教育实践仍然是以创业知识为主导，并且不同文化背景的学生对创业教育的评价存在一定的差异[158]。

　　除专家、学者外，一些知名的新闻媒体也参与了创业教育项目的评价及排名工作。美国《创业者》杂志所使用的评价指标体系如表 6-2 所示，分为学术与需求、学生与教师、课外活动三个方面。该体系既考察了创业教育项目学习期间的短期效应，也考察了其结束后的长期效应，实际上是一种"投入-产出"的视角。在短期效应方面，该体系评价的内容与 Robinson 等设计的大致相同；在长期效应方面，该体系则突出了学校师生创办及运作企业的比例。国内学者所设计的创业教育评价指标体系更多地体现了我国创业教育的体制及特色，但其有效性和实用性目前都还需要进一步完善，最大的问题是评价指标过于"面面俱到"，重点不突出，把与创业教育无关或关系很弱的就业、专利等统统纳入评价体系。

表 6-2　　《创业者》杂志使用的创业教育项目评价指标

一级指标	二级指标
学术与需求	①是否提供创业主修及/或者辅修；②提供何种类型课程（如电子商业、社会创业、国际创业等）；③是否提供其他类型的学术机会（如实习、实践学习、为小企业提供咨询等）；④提供多少创业相关课程
学生与教师	①参与创业项目的正式学生比例；②参与创业相关课程的正式学生比例；③参与创业项目新近毕业学生的创业比例；④上述企业仍旧运作的比例；⑤创业项目教师创办、购买或运作一个成功企业的比例
课外活动	①是否与其他学院合作，允许哪些学院开展创业项目；②存在多少正式认可的创业俱乐部和组织，以及他们的年度预算是多少；③存在多少创业领域的非课程活动和/或竞赛，以及他们的年度预算是多少；④存在多少校方资助的、专门针对创业学生的导师；⑤是否提供创业奖学金，这些奖学金的总金额是多少

3. 评价方法

　　国外学者采用相关人员问卷调查、典型代表访谈及长期跟踪的较多，比较强调评价指标及数据的来源；国内学者采用更多的是基于专家打分的层次分析法、模糊综合评价法等，比较强调具体方法的使用。例如，刘海滨等从课程、教师、学生和环境四个方面构建了大学生就业创业评价体系，采用层次分析法对体系中的 4 个一级指标、10 个二级指标和 48 个三级指标赋予权重[159]。陶丹和陈德慧从课程体系、课程教学、非课程教育三个方面构建了创业教育质量评价体系，同样采用层次分析法对 3 个一级指标、10 个二级指标和 49 个三级指标赋予权重，并运用模糊评价法进行了隶属度评价[160]。秦敬民构建的创业教育质量评价体系，则采用了数据包络分析、层次分析和模糊层次分析三种方法[161]。

6.1.2 基于投入-产出的评价体系

1. 评价指标的确定

根据工科大学创业教育模式再造模型,结合国内外研究现状,本书认为对再造结果的评估既要衡量学校投入创业教育资源的绝对量,也要衡量其投入的相对量,毕竟开展创业教育需要考虑效益,不计效益的投入终究难以维持下去。因此,本书从"投入-产出"的视角构建高校创业教育评价指标体系,包含 2 个一级指标、6 个二级指标和 20 个三级指标,如表 6-3 所示。

表 6-3 高校创业教育评价指标体系

一级指标	二级指标	三级指标	评估分值
创业教育投入	学校支持	创业教育组织的建设情况	1,2,3,4,5
		作为创业实践基地的企业数	1,2,3,4,5
		创业教育的研究立项数	1,2,3,4,5
		扶持师生创业的政策情况	1,2,3,4,5
		创业基金的设置情况	1,2,3,4,5
	教学师资	有创业经历的教师比例	1,2,3,4,5
		有培训经历的教师比例	1,2,3,4,5
		企业家兼职授课比例	1,2,3,4,5
	课程体系	学校开设的创业课程数量	1,2,3,4,5
		专业开设的创业课程数量	1,2,3,4,5
		创业课程的实践教学情况	1,2,3,4,5
		创业课程对毕业要求的支撑情况	1,2,3,4,5
	教学方法	采用案例教学法的创业课比例	1,2,3,4,5
		采用探究教学法的创业课比例	1,2,3,4,5
		学生对创业教育实用性的评价	1,2,3,4,5
创业教育产出	学生意识	获得国家级创业竞赛奖的数量	1,2,3,4,5
		获得国家级创新创业训练项目的数量	1,2,3,4,5
		参与创业及创建新企业的应届生比例	1,2,3,4,5
	社会影响	创业教育成果被主管部门推广情况	1,2,3,4,5
		创业教育成果被新闻媒体报道情况	1,2,3,4,5

在投入方面,包含学校支持、教学师资、课程体系、教学方法 4 个二级指标,分别反映的是学校保障性资源投入、创业教育师资投入、集群化课程体系建设投入、交互式教学方法开发投入这四个方面的投入情况。其中,教学师资是非常关键的投入指标,这是因为只有具备了足够数量的优秀师资与合理的师资结构,才

有可能支撑起集群式创业课程体系和交互式教学方法。在产出方面，包含学生意识和社会影响 2 个二级指标，分别反映的是创业教育对学生的促进作用及对其他高校的辐射带动作用。其中，将参与创业及创建新企业这两个活动合并作为一个产出指标，主要是考虑到传统意义上的"创业率"指标更多体现的是创业教育的中长期效果，在时滞效应的影响下短期内虽然不可能太高，但该指标过低仍然足以说明创业教育及创业环境存在相当程度的问题（发达国家一般在 20%左右）。所以，本书在选取产出指标时适当扩大了"创业率"的统计边界，以使该指标更加具有合理性。

2. 评价方法的确定

单纯的定量评价很难反映创业教育这一复杂系统的实际运行效果，即使能够评价出一个综合结果也难以反映高校之间的差距和改进的方向。基于"以评促建"的基本原则，本书选择了基于规则的评分法用以评价和促进高校进行创业教育模式再造。该方法具有以下四个突出的优点：①由于具有明确的评分规则，非常便于操作，简单、实用、准确，可以减少人为的主观随意性；②可以综合考虑创业教育专家的意见和经验，充分发挥专家对创业教育的主观能动性；③由于划定了评价基准及区间，便于将定性指标转变为具体的分值；④可以根据外部环境和内部需要调整评分基准，使评价体系具有长久的生命力。

1～5 的评估分值中，1 代表当前同类高校的最低水平，5 代表当前同类高校的最高水平，其余分值则介于两者之间。高校既可以通过各个单项指标的得分，迅速发现自身的优势和劣势，统筹资源"扬长补短"，也可以通过综合得分来判断自身在当前同类高校中的位置，通过进一步完善和优化创业教育模式以实现更好的创业教育效果。以"创业教育组织的建设情况"这个指标为例，如果学校已经建立了职责明确、人员齐备的专职机构来统筹管理创业教育，那么该项指标的评估分值就是 5；如果学校政出多门，没有建立专职机构，但有机构管理创业教育，其评估分值可视情况得 2～4 分；如果学校根本没有任何机构来管理创业教育，其评估分值为 1。当然，随着时代的发展，各所高校都在进步，评估分值 1～5 的评分标准也需要"与时俱进"，调整相应的基准以适应新的发展要求。

6.2　创业教育师资的有效供给

6.2.1　师资供给的国际经验

从世界范围来看，创业教育发达的国家经过多年发展，师资数量比较充足、师资结构相对合理，如英国创业教育师资最多的高校有数百人参与创业领域的教学与研究工作，美国高校创业教育的社会兼职教师分别占到创业理论课和实践课的 7%和 21%，其成功经验非常值得发展中国家借鉴。总体而言，发达国家师资供给的主渠道是学位教育与捐赠教席、在职培训项目及常驻企业家这三条。

1. 学位教育与捐赠教席

对于创业教育的基础性师资，学位教育是发达国家最主要的供给来源之一。以美国为例，2008 年通过国际高等商学院协会（the Association to Advance Collegiate Schools of Business International，AACSB）认证的创业专业博士项目达到 35 个，此外还有 70 多所没有通过认证的高校也提供类似的博士学位项目[162]。在美国还有数量远高于此的高校将创业管理作为本科和硕士阶段的专业领域。而对于有志于从事创业领域教学与研究的高端人才，捐赠教席的设立无疑具有非常强烈的吸引力。在美国，捐赠教席是企业或私人捐赠的一种有别于学术圈的特殊职位，代表着对其持有者的极大认可，其薪资水平也大幅高于普通教师，因此，捐赠教席的持有者一般都是拥有终身教职的知名教授。根据考夫曼基金会的统计，美国创业教育领域的捐赠教席数在 1999~2003 年由 237 个迅速增长到 406 个，4 年时间井喷式地增长了 71%。捐赠教席在发达国家越来越成为高水平创业教育师资的重要来源。

2. 在职培训项目

发达国家对创业教育师资供给的第二个重要渠道是针对在职教师开展形式多样的培训项目。这些培训项目概括起来主要有以下三种类型：①整体规划型。例如，由英国全国创业教育委员会负责实施的"国际创业教育者项目"（international entrepreneurship educators programme），包括六个学习模块：应对教育挑战、选择相应的教学法；创业精神；创业行为、技能和态度；机会识别和新企业发展；使创业在人力和组织中实地发生；把所有的部分集中起来。各模块由不同的地区和组织负责实施，学员可以选择性地学习其中一个或多个模块。②高校输出型。例如，美国百森商学院以全球的创业教育者为对象开展的"普瑞斯-百森创业教育者研讨会"（Price-Babson symposium for entrepreneurship educators）、"创业教育者模块"（modules for entrepreneurship educators）等培训项目。其中，创业教育者模块培训项目的内容如表 6-4 所示[163]。③校企合作型。例如，英国规模最大的高校利物浦约翰莫尔斯大学（Liverpool John Moores University）通过提供"专业持续发展项目"促使商学和法学专业的教师与企业开展合作、参与硕士创业，以提升这些师资在创业领域的教学能力。

表 6-4　百森商学院开展的创业教育者模块培训项目

目标	理解创业思维和行动的"魔力",探索如何将该思想传递给创业者;理解企业家和创业者的心态;认识创业教学的关键环节和内容;强调案例研究方法,增加基于经验的、行动的方法;为有共同创业教育爱好的教育者建立创新创业教育网络;加深与创业教育相关的具体内容的理解
课程	创业思维和行动;创造力和创业的产生;设计型的思维方式;机会评价和商业计划;创业影响;公共政策和经济发展;新创企业;社会创业;价值赋予;家庭创业;妇女和少数民族创业;创业合作;技术创业;创业投资管理
教学	创业师资和行动学习;案例研究;案例教学;在线远程学习;课程设计和发展;创业教学的挑战
参与者	大学中从事创业教育的教学或研究人员、相关高级管理人员。每次参与人数从 40 人到 60 人不等

3. 常驻企业家

引入常规化、规模化、个性化的企业家师资是发达国家创业教育师资供给的第三个主渠道,也是实现创业教育理论价值与实践价值双重价值的重要手段。目前,世界众多知名高校为避免与企业家之间的合作流于形式,除邀请企业家进行授课、讲座、沙龙等常规教学活动外,也在充分挖掘企业家更深层次的教学价值,极力促成他们与学生之间的"配对指导"。例如,麻省理工学院创业中心(Martin Trust Center for MIT Entrepreneurship)面向所有学生设立了常驻企业家项目(entreprenurs in residence program)。该项目包括 19 名经验丰富的创业者组成的战略专家、17 名刚成立公司不久的创业者组成的教练网络、11 名完成企业初创的在校生或应届毕业生组成的同行网络。创业中心有专人负责帮助学生联系合适的企业家,学生可以借助该项目获取外部资源并和企业家建立长期的合作关系。剑桥大学在这方面也积累了非常丰富的实践运行经验,该校创业中心始终认为创业教育的最佳师资就应该是真正的创业者,为此该校聘请了 19 位名副其实的企业家常驻学校以帮助学校开展更深层次的创业教育。

6.2.2　基于多元结构的供给策略

结合上述国际经验和我国国情,我国高校可以通过以下四个策略来加强师资的有效供给。

1. 制订师资队伍整体建设规划

学校根据其发展定位和人才培养的具体目标,在测算创业教育师资队伍缺口的基础上,以"整合、提升、引进、借智"为总体思路,逐步扩大师资队伍规模、优化师资队伍结构、提高师资队伍的教育教学能力。具体内容包括以下五点:①打破已有师资身份的学院限制,以项目制的方式重新整合师资队伍、统筹管理、形成矩阵式的授课团队,以适应集群式创业课程体系的要求;②优先支持创业教育试点学院、试点专业,以及创业领域必修课、基础性选修课的师资队伍建设,在课题申报、评优、奖励、培训等方面给予适当的资源分配倾斜，如加大分配名额比例和资助金额数量等；③积极引进"创业管理"方向毕业的优秀研究生以充实师资队伍，积极培养和引进高水平的"双师型"教师以提升师资质量；④改革师资的选拔标准，扩大选拔群体的范围和基数，对创业实践突出的技能型人才要"不拘一格"、合理任用，避免这些人被高学历、高职称所造成的高门槛拒之门外；⑤制定和完善"企业师资聘任和管理办法"，对企业师资的聘任标准、聘任时间、工作内容等做出明确要求，确保能够高效地利用外部智力资源，稳步提升企业师资在创业教育师资队伍中的比例和作用。

2. 搭建结构合理的师资队伍

根据集群式创业课程体系的总体架构，本书设计了如图 6-4 所示的工科大学创业教育师资队伍结构，该结构由专业师资、后备师资和企业师资三部分组成。每个部分的师资队伍都有相对应的定位、来源及所要承担的主要课程。其中，专业师资定位于传授创业领域的专业知识及相关技能，是创业课程的师资主力；企业师资定位于提供创业实践经验，为开展实践类创业课程提供重要支撑；后备师资定位于提供创业政策、职业规划、心理辅导等方面的咨询支持，是承担通识类创业课程教学的必要组成和重要候补力量。三类师资交叉组合、相互补充、相互配合，共同支撑起全校性的创业课程体系。

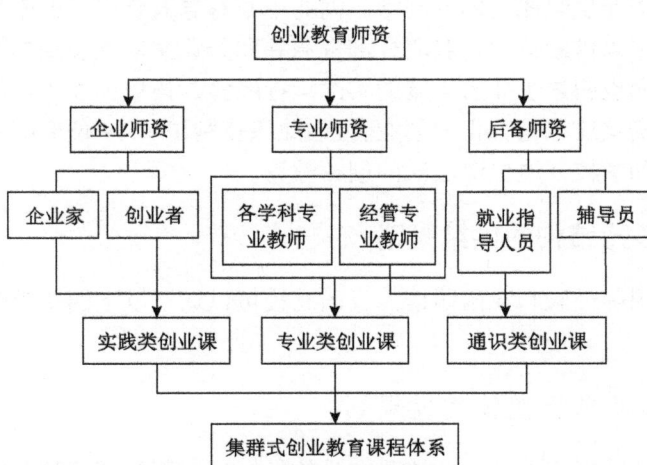

图 6-4　工科大学创业教育师资结构

3. 完善师资队伍的培训体系

培训是提升现有师资队伍教育教学质量最重要的手段。高校可以根据师资队伍的现状，重点加强以下几个方面的工作：①从政府、企业、社会及学校自身多方筹集资金，设立专门的创业教育师资培训基金，以专款专用的形式定期开展相关培训活动；②积极促使广大经济管理专业的教师及就业指导人员、辅导员等后备师资参加 KAB、SYB 等基础性、系统性的国际创业师资培训项目，掌握国际通用的基本创业教学方法；③建立创业教育师资培训网络平台，以"慕课"等在线方式向教师提供创业教育资源，以"讨论社区"等形式加强教师间的经验交流和资源共享；④具备一定条件的高校，可以派遣创业课程负责人或骨干教师到国内创业教育较好的高校去进修或访学，学习国内高校在课程开发和教学方法方面的先进经验；⑤条件很好的高校，可以派遣创业教育带头人参加国际知名的师资培训项目，学习创业教育发达国家的先进教学理论及教学方法，理解国际创业教育的前沿动态及发展趋势；⑥建立专业教师到企业顶岗挂职的刚性制度，与企业联合制订师资培养计划，以轮训的方式定期派遣青年教师到企业丰富工程实践和管理经验，加快培养高校急需的"双师型"师资。

4. 加强师资队伍的激励机制

在当前我国高校创业师资十分短缺的情况下，迫切需要充分调动每一个人的积极性和潜力，这样才能将师资队伍的规划落到实处。高校可以从以下六个方面进行人员激励：①制定教师分类评价政策，根据学校的创业型工科大学定位，将合适的师资配置到合适的岗位，使教师的职业生涯目标能够与学校的创业教育工作相统一，达到帕累托效应；②树立贡献突出、事迹典型的教师个人和教学团队代表，鼓励和引导广大教师以更大的工作热情投身于创业教育教学工作，如麻省理工学院设立的"阿道夫创业导师奖"等；③鼓励教师自发或半自发地形成教学团队，引导教师以团队的方式进行创业课程建设、创业资源开发、创业竞赛指导，并对取得优异成绩的教学团队给予适当的精神和物质回报；④鼓励专业教师团队结合人才培养方案开展有针对性的创业教育教学改革研究，给予立项名额和经费支持方面的倾斜，项目结题重点考察成果的实践应用；⑤对于到企业进行顶岗实习的青年教师，要给予一定的生活补贴和绩效考核上的倾斜，使他们能够在企业安心工作，没有后顾之忧；⑥努力营造推崇创新、鼓励冒险、宽容失败的校园文化环境，为师生提供良好的创业教育教学氛围。

6.3　三区联动的资源整合支撑

6.3.1　三区联动的总体框架

1. 三区联动的内涵

纵览世界 60 多年的高校创业教育史,开展创业教育成功的大学从来都不会将自己局限于"象牙塔"内"闭门造车",更不会脱离市场和产业的需求"关门办学",而是从当地经济、社会、文化、教育协同发展的思路来发展创业教育,充分整合学校的内外部资源为已所用,在一个大的区域创业生态系统中完成创业教育的布局和资源配置。美国斯坦福大学、麻省理工学院及其所在地硅谷、128 公路地区,英国剑桥大学及其周边的高技术产业带等,都很好地诠释了这一现象。

在我国,2002 年上海交通大学、上海紫竹科学园及其所在的闵行区,以及复旦大学及其所在的杨浦区相继提出了非常具有中国特色的"三区联动"理念和建设思路,并成功运用于实践。"三区"分别指的是大学校区、科技园区和公共社区,"联动"指的是上述三个主体通过多种渠道、多种方式的"政产学协同创新",形成强有力的区域创新创业生态系统,在三方各有所得的基础上整体提高区域创新创业能力。需要说明的是:这里的科技园区代表的是众多企业的集聚地。在隶属关系上,这些园区可以是依托于高校的大学科技园,也可以是政府主管的高新区及其他形式的高技术园区;就大学科技园而言,这些园区可以是"一校一园""一校多园""多校一园"。公共社区一般指的是大学和科技园区所在地的行政区,在组织层面上指的就是政府。三区联动的基本结构如图 6-5 所示[164]。

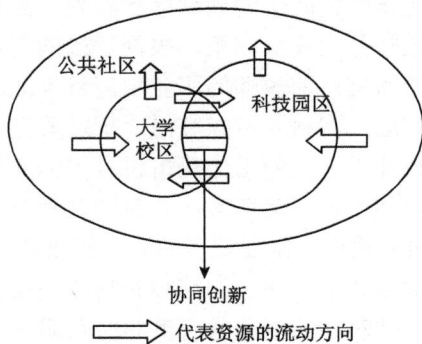

图 6-5　三区联动的基本结构

我国的三区联动理论继承并发展了创新领域传统的"三元参与"理论,继承的是创新主体协同创新的过程和机制,发展的是将地理因素作为促进区域协同创新的内生变量,突出了地理因素在资源配置过程中的稀缺性和重要性,是创新型产业集群思想的一种具体体现。"三元参与"理论虽然强调政府、高校、企业三方进行协同创新,但创新主体及创新资源的选择与配置不受区域限制;而三区联动理论则突出了创新主体本地化配置创新资源的过程。地理因素之所以重要,就在于大学校区和科技园区一直都处于公共社区的地域之内,必然要受到本地文化观念、价值体系、社会关系、经济往来的巨大影响;地理因素并不只是办公地点那么简单,而是连接地方经济、社会和文化交流的桥梁。而在以往,三区之间基本上是相互隔离的，如果存在联系的话，那也只是类似于后勤保障性质的外围联系，其核心功能并没有实质性地联动起来。有鉴于此，三区联动理论进一步从区域层面明确了创新主体的功能定位和互动要求，对于推动形成区域创业系统及依托该系统反哺高校创业教育，具有非常重要的价值。

2. 三区联动的对立与统一

从理论推演的角度出发，大学校区、科技园区和公共社区三者之间确实存在着一定程度的、具有互补性的供求关系，如上海交通大学的李建强教授等学者通过对上海交通大学、上海紫竹科学园、闵行区政府的调研，总结了如表 6-5 所示的三区联动供求框架[165]。

表 6-5　李建强等提出的三区联动供求框架

	供应	需求
大学校区（高校）	知识品牌、科技力量、教育培训、高学历人力资源	空间扩展、社会服务、科研投入资金、成果转化服务、校产保值增值机会、学生就业
科技园区（企业）	缴付税收、贡献产值；创造就业；提升经济形态、产业结构；科技成果孵化的网络与氛围；研究成果转化、技术孵化能力；项目投资能力	优惠的营运成本（税收成本、管理成本）；充沛的人力资本和优越的人力成本；投资（天使基金、风险投资、产业投资）追加需求；优越的公共服务；优秀的投资项目；适当的技术支撑
公共社区（政府）	社会后勤服务；公共管理服务；城市规划和市政空间用地配合；政策税收优惠；公共投资、国有资产投资	提升当地品牌地位；科技力量提升经济形态和产业结构；引进高科技含量、大规模投资；改善商务环境吸引企业入驻；改造、提升社区人力资源水平；文化科技溢出、提升社区文化文明水平

该供求框架从知识、人才、经济、产业、空间、品牌等多个方面，比较完整地阐明了三区之间各种潜在的互助与合作关系，但存在这些潜在的关系并不必然意味着三区之间能够真正地联动起来，要想联动起来还要使它们各自所遵循的运行逻辑趋同，形成向心力才行。而现实中，三区各自所遵循的运行逻辑不但不趋同而且存在着一定的冲突。其中，大学校区遵循的是学术逻辑，具体表现为学校总是以提升自身的学术地位为宗旨，教学与科研瞄准的往往是高和新，而不是应用化，更不是商品化和市场化；科技园区遵循的是市场逻辑，具体表现为企业以商业上的成功生存和发展为核心目标，市场的可接受性是其衡量科技成果成功与否的唯一尺度和严格标准，而不是各种科技奖项和证书；公共社区遵循的是促进本地经济增长的发展逻辑，而政府承担着更多的责任，在联动方面往往也具有更多的主动性和选择性。因此，三区联动能否成功启动并持续平稳地运行下去就取决于上述供求互补和逻辑冲突这两种力量之间的对比，如图 6-6 所示。

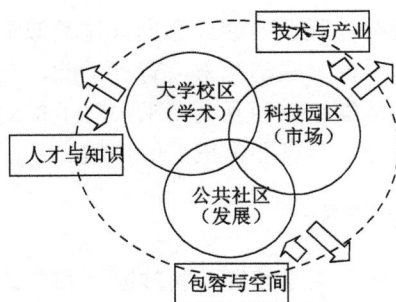

图 6-6　三区联动的对立与统一

　　有鉴于此，三区联动得以实施的约束条件对大学校区、科技园区和公共社区都提出了不同以往的新要求。三区要想联动起来，大学校区就再也不能是那个孤立、封闭的"象牙塔"，而要成为对园区企业和社区发展起到直接促进作用的某种程度的"高等教育公司"或"学术经济增长极"；园区企业除了通过以缴纳税费等直接方式促进公共社区的发展外，更要以提供就业机会、承接成果转化等多种间接方式与高校、政府形成密切的经济、社会联系；而公共社区则要在更大的尺度上对大学校区和科技园区进行社会功能的约束和反哺，将创意、创新、人才、成果等资源直接纳入本地经济建设、产业升级、民生发展的主线中去，进而在土地、金融、政策等方面为大学校区和科技园区创造更大的提升空间。

3. 高校视角的三区联动实施效果

　　上海市实施"三区联动、融合发展"以来，高校周边孕育形成的创新创业氛围、环境和实体经济逐渐吸引国内外大量的创新创业型人才及资源集聚于此，这些人才及资源的集聚又以三区联动的形式逐渐形成了一个又一个的高新技术产业集群。以同济大学为例，当前在该校本部周边 4 条马路为界的区域范围内已经形成了一个年产值高达 30 亿元的"环同济知识经济圈"，产生了巨大的经济效益。该经济圈的空间示意图如图 6-7 所示[166]。

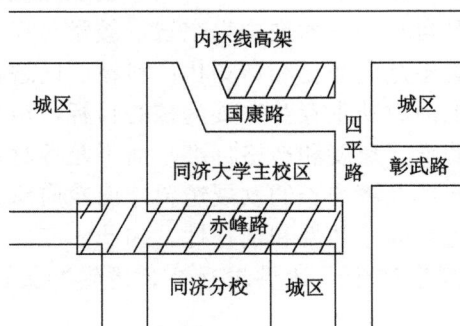

图 6-7　"环同济知识经济圈"的空间示意图

"环同济知识经济圈"中聚集着形形色色的 800 多家经济实体。从规模分布来看，这些经济实体中既有世界知名的跨国公司、名动业内的大型建筑设计院，也有名不见经传的新创企业和工作室。从产业分布来看，众多的大中小微企业集聚在一起，围绕着同济大学在建筑设计、城市规划等设计领域内享誉世界的学科优势，由内到外形成了三个圈层：第一个圈层是以设计咨询业为主的核心圈；第二个圈层是为设计咨询业提供配套服务的次中心圈；第三个圈层则是产业相对零散的外包围圈。从网络联系来看，这些经济实体中的 80%衍生于同济大学，因此"环同济知识经济圈"中的企业与学校之间、企业与企业之间始终存在着千丝万缕的联系，时时刻刻都在进行着知识、创意、成果等诸多与创新创业有关的网络节点般的交流、互动及传递。当然，这些网络节点间的联系有的是正式的、有的是非正式的，有的是持续的、有的是断断续续的，有的是紧密的、有的是松散的。

需要说明的是，"环同济知识经济圈"的形成不仅为三区联动提供了良好的科技产业载体，更为其提供了难得的创业教育载体。高校对于大学生创业意识、创业能力及创业精神的培养说到底是一个"知行合一"的过程，没有任何历练过程的"经院教育"和"纸上谈兵"是不可能培养出真正的创新创业型人才的。创业的意识、能力和精神只有在与创业的实践、环境和文化相互融合的过程中，才能真正得到学生的有效认同并得以提升，才能融入学生的潜意识和行为准则，进而成为学生的一种行为习惯和生活态度。从这个意义上讲，同济大学周边蓬勃发展的创新创业型经济，妥善利用起来必然会强有力地反哺和带动该校的创新创业教育，使学校的创新创业型人才培养有目标、有动力、有抓手、有平台，使学生能够在创新创业教育的"熔炉"中真正做到理论与实践的"知行统一"。

6.3.2　基于演进阶段的运行机制

机制（mechanism）的本意是机器的构造和工作原理，这个释义可以进一步展开理解为：机器由哪些部分组成和为什么由这些部分组成，机器怎样工作和为什么要这样工作。管理意义上的机制更多指的是制度及方法。三区联动的演进过程大致可以分为启动、融合、分配三个阶段，每个阶段都需要匹配相应的运行机制才能得以有效实施。为此，本书从演化视角出发，构建了基于上述三个阶段的三区联动运行机制框架，如图 6-8 所示。在启动阶段，三区联动的运行机制包括组织保障机制和政策激励机制；融合阶段的运行机制包括平台支撑机制和资源共享机制；分配阶段的运行机制包括利益分配机制和动态调整机制。

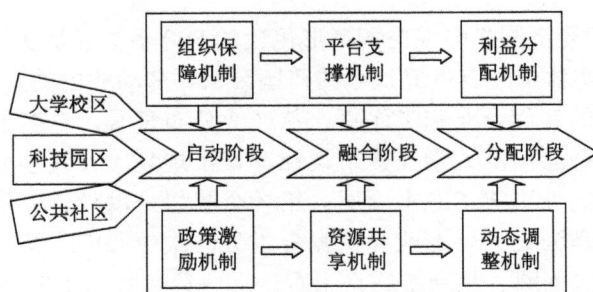

图 6-8　三区联动运行机制框架

1. 启动阶段的运行机制

启动阶段是三区联动的初始阶段，该阶段运行机制的重点是促使高校、园区和政府积极参与到联动中来。

1）组织保障机制

为使三区联动尤其是高校和园区（企业）的联动能够顺利启动，非常有必要建立由高校和园区（企业）负责人组成的合作委员会或理事会，统筹指导、协调和管理双方在人才培养、成果转化、协同创新、企业孵化等方面的全方位合作。关于校企合作伙伴的选择，原则上应是学校和园区（企业）在市场供给关系的调节下自发匹配，当然，在必要的时候也可以是"政府（社区）搭台、学校和园区（企业）唱戏"。但必须强调的是：无论采取何种方式发起成立校企合作委员会或理事会，政府都不能对校企合作伙伴进行"生拉硬拽"式的"拉郎配"，政府的作用更多的是以"穿针引线"的政策营造区域创业环境。

校企合作委员会或理事会的职责主要是：制定高校与园区（企业）开展全面合作的框架及目标；制订面向人才培养、成果转化、协同创新、企业孵化等联动内容的年度计划、实施方案及与之配套的管理制度；协调解决校企双方在联动过程中出现的各种冲突；争取政府（公共社区）的政策支持和经费投入。就高校而言，可以成立专职的办公室具体负责处理与学校相关的三区联动事宜，包括起草与学校相关的联动文件及合作协议，对内协调教务处、研究生处、科技处、相关学院等部门执行联动实施方案，对外与园区（企业）、社区（政府）开展必要的沟通和协商，定期向学校、合作委员会或理事会报告三区联动过程中校方的工作进展、实施情况及有待解决的各种问题。

2）政策激励机制

高校、园区和政府在启动阶段的另一个重要机制，就是要打破三方自身所固有的运行逻辑，通过出台相应的激励措施，促进三方开展联动。就高校来说，除了要鼓励科研人员走向企业，与企业开展联合攻关、挂职锻炼等传统意义上的产学合作外，还可以有针对性地开展以下两项工作：①积极鼓励对口二级学院与园区（企业）在"卓越工程师"培养、大学生订单式培养、校内外实习实训基地建设等方面开展实质性的联动，并将其作为对二级学院的主要考核内容之一；②对于利用职务发明进行创新创业的师生，要确保其核心利益不受损害，能够获得与其贡献相当的收益，从而调动广大师生创新创业的积极性，激活学校大量沉寂的创新成果及知识产权，使之尽快转化为现实生产力。

就园区（企业）而言，除了参与上述的校企联动方式外，还可以开展以下两项工作：①有导向性地在学校、学院冠名设立奖学金、助学金等各种资助基金，通过树立良好的公众品牌形象吸引优秀毕业生、在校生到园区（企业）就业、见习；②在大学校区内合作建立协同创新平台（基地），主要由园区（企业）提供经费，高校提供人员、技术和场地，有针对性地为企业培养储备性人才、培训在职人员，开展前瞻性的研发活动、实用技术的攻关活动，等等。

就政府部门来说，可以充分借鉴英国教学公司模式，进行校企联动激励。简单来说，英国教学公司是以研究成果应用和创业人才培养双重公益目的为导向的一种制度性设计，其实质是以项目的形式向校企结合方提供资金支持的行政行为[167]。结合如图 6-9 所示的英国教学公司运行流程，就其几个关键环节进行如下说明：①教学公司项目的启动方必须是企业，不能是高校，更不能是政府，而且这些企业至少要满足三个必要条件，即有一定的财力、有合格的企业导师、所启动的项目要对企业的发展至关重要；②项目的正式申请必须由企业和高校共同提出才会被视为有效，任何一方的单独申请都会被视为无效；③立项项目的资助金额一般为该项目所需费用的 50%～70%，而不是全部，也就是说项目可能面临的风险要由政府、企业和学校共同承担，而不是将全部风险转移给政府一方承担。

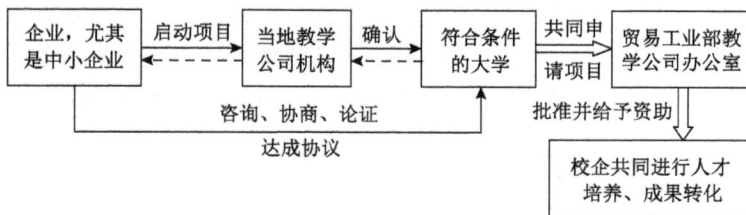

图 6-9　英国教学公司模式运行示意图

英国教学公司模式更值得提倡和借鉴的是其独特的人才培养功能，即通过选择优秀的大学毕业生或研究生作为项目助理这样一种制度安排，来实现创业型人才的培养。其培养方式是：由负责该项目的高校选聘项目助理，以劳务派遣的法律形式输送到企业工作。在工作期间，学校为其配备一位资深教授作为学术导师，合作企业为其配备一位高级技术人员作为企业导师。项目助理的主要工作是和企业导师在现场解决各种工程技术问题，但每周要利用半天时间和学术导师开展技术研究，学术导师也要经常性地到企业对其进行技术指导。这种常态化的互动机制安排，既帮助项目助理在及时解决项目问题的过程中提高了实践能力，又帮助其提高了相应的学术能力，从而培养出创业型人才[168]。

2. 融合阶段的运行机制

融合阶段是三区联动的关键阶段，该阶段运行机制的重点是促使高校、园区和政府开展核心功能的联动。

1）平台支撑机制

平台（基地）建设是实质性推进三区联动的重要抓手，学校、园区和政府三方都要给予充分重视，并运用好各自拥有的资源优势共同建设，以最大限度地发挥其在三区联动中的核心支撑作用。在融合阶段有两个最主要的支撑平台，一个是高校和企业协同的技术创新平台（简称协同创新平台），另一个是高校和园区联动的企业孵化平台（简称企业孵化平台）。

协同创新平台（基地）主要由高校和园区（企业）共同建立的研发中心及成果库两部分构成，其运行过程如图 6-10 所示。一般来说，研发中心主要由企业提供资金，高校提供人员和场地；其核心功能主要是承担市场需求导向的企业委托项目、技术合作项目及面向产业政策导向的联合攻关项目；当然，研发中心还可以作为研究生和高年级优秀本科生的实习实训基地，承担必要的实践教学工作和创新创业型人才的培养工作。研发中心产生的成果归高校和企业共同所有，纳入成果库进行统一管理，需要专利保护的成果要及时申请以形成有效的专利池。对于成果库中的成果，由企业根据用户需求、自身发展和产业环境从技术成熟度、质量可靠度和市场接受度等方面进行综合评估，积极转化可以产业化的成果；留存暂时不能产业化的成果，等待时机；将可以开放的成果开发为教学案例、探究问题、工程训练项目等必要的教学工具以用于创新创业型人才的培养。

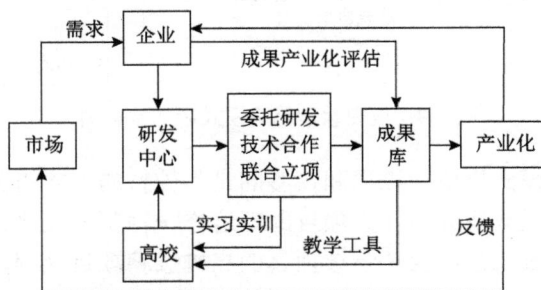

图 6-10　协同创新平台的运行过程

　　企业孵化平台的核心主体是科技园区，其运行过程如图 6-11 所示。基于该平台的三区联动具体体现为：园区为高校师生创办的新技术企业提供必要的资金、设备、中介、信息、代理、场地、物业等方面的支持；学校提供必要的技术方面的支持，如专利许可、实验条件等；政府（社区）提供必要的政策优惠和配套服务支持，如税收减免、工商审批绿色通道、小额贷款等；高校和园区通过注入新企业一定比例的技术股和资金股取得相应的经济回报。该平台除孵化企业外，还可以通过以下方式实现一定的创业教育功能：园区投资控股大学生创业企业，承担其大部分风险，并拥有企业的知识产权和产品的使用权；企业按股份对大学生团队、学校（学院）、园区进行分红；大学生创业者以项目经理的身份运作创业项目并承担部分风险，获得企业提供的相应薪水[169]。

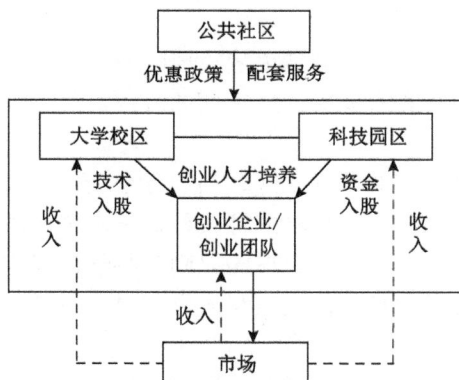

图 6-11　企业孵化平台的运行过程

2）资源共享机制

　　上述平台（基地）为融合阶段的三区联动奠定了必要的物质基础和条件保障，但还需要资源共享机制的密切配合，才能有效地支撑起三区联动。资源共享机制主要包括以下四个要素：①共享主体。这里指的就是三区联动的各个参与主体。②共享内容。也就是各个共享主体应该贡献哪些资源进行共享。其实，三区所能提供的资源无外乎知识、技术、人力、设备、场地、政策、资金、信息等。这些资源又可以分为通用和专用两种，前者是一般的、公开可得的、独立于特定人群之外的，后者是具体的、与环境密切相关的、为特定人群所拥有的。两者都可以进行共享，关键是三区联动的各个参与主体要对共享的内容取得共识。③共享方式。即三区之间以什么样的管理体制、什么样的组织机构、什么样的协作方式、什么样的分配方式来公平、合理、高效地享有大家贡献的资源及其利益产出。④共享规则。主要指的是用于协调共享主体间利益冲突的共享程序、共享协议，以及必要的沟通和信任，等等[170]。

除校区（大学）、园区（企业）和社区（政府）外，资源共享机制的有效运行还要充分发挥各类中介组织的作用，如商会、行业协会、企业联谊会、技术市场、评估中心、生产力促进中心及各种研究中心等。这些中介组织可以在相当大的程度上，帮助促进三区联动的各个参与主体之间实现各种资源的流动、人员的互动及信息的沟通。因此，三区尤其是公共社区（政府）要充分释放这些中介组织所起的共享内容"黏结剂"、共享利益"润滑剂"的作用，促使三区之间更加顺畅地进行资源共享和利益共享，减少各种破坏资源共享的矛盾和冲突。当然，在互联网时代，一个三区共建、共用、共享的信息资源服务平台也是实现三区联动资源共享机制必不可少的技术支持手段和组成部分。

3. 分配阶段的运行机制

分配阶段是三区联动在一个周期内的收尾阶段，该阶段运行机制的重点是促使高校、园区（企业）和政府能够开展长期的合作。

1）利益分配机制

该机制运行的好坏直接关系到三区联动的各个利益相关者能否在下一个周期内继续开展合作，对于维护三区联动的持久稳定具有关键性的作用。为此，三区联动的利益分配机制要本着公平、合理的原则，科学地确定具体的分配规则和分配方法，其涉及的核心问题是价值认定和成果归属，也就是参与主体究竟贡献了多大的价值，成果究竟应该归谁所有。

三区联动的投入要素，既包括资金、设备、场地等有形资产，也包括技术、知识产权、个人经验、社会关系等无形资产。就创新创业这种高风险活动而言，参与主体投入的无形资产往往比有形资产更具价值，因此，三区联动的利益分配规则要充分考虑到创新者、管理者所投入的无形资产的重要贡献，保障知识产权股、经营管理股能够同货币股、设备股一样享有平等的分配权，并根据其认定股份的多少获得相应的经济回报。三区联动的产出成果，既包括产品收入等直接经济利益，也包括知识产权、品牌形象等间接经济利益。直接利益比较客观实际，分配起来也相对简单，一般来说只需要履行各个参与主体事先签订的合同或协议，按贡献分配即可。间接利益的分配则比较复杂，需要各个参与主体对知识产权、品牌形象等成果的定价方法、所有权归属等一系列相关问题达成明确的共识。作为公共社区（政府）则有义务委托相关中介机构对三区联动参与主体开展经济法、合同法、知识产权保护法等相关法律知识的专门培训，提高学校和园区（企业）运用法律知识开展合作及保护自身权益的意识和能力。

2）动态调整机制

三区联动发展到一定阶段，随着区域创新创业环境和参与主体需求的变化，必然会发生两个方面的调整：一个是具体合作伙伴的调整；另一个是参与主体功能的调整。就第一种情况而言，虽然三区联动在宏观层面上还是校区、园区和社区三大参与主体，但在微观层面上，参与主体中的学校师生、园区企业等具体合作伙伴会随着自身的需求而不断地加入和退出三区联动的组织机构。为此，三区联动务必要明确约定具体的合作伙伴可以在什么时间退出、以什么方式退出、退出时其权益如何进行转让等相关问题，以确保具体合作伙伴的动态调整不会影响到三区联动的稳定。

　　关于参与主体功能的调整，更多涉及的是公共社区（政府）的功能。在三区联动的启动期，公共社区可以适当地进行"牵线搭桥"，但也仅仅是作为市场自发调节机制的辅助功能。鉴于三区联动在本质上应该是市场机制调节下的"政产学研协同创新"，随着"三区联动"逐步进入融合期和分配期，市场机制必须在创新创业资源的配置过程中发挥决定性作用。公共社区的功能也要更多地体现为通过营造适宜的创新创业环境，搭建有力的创新创业平台，为校区（师生）和园区（企业）提供必要的服务支持，而不能通过行政命令强行干涉高校和园区（企业）之间的合作形式及具体的合作过程。

参 考 文 献

[1] 德鲁克 P F. 创新与企业家精神[M]. 蔡文燕译. 北京: 机械工业出版社, 2007: 1-16.

[2] 曹胜利. 创新型国家的建设与创新创业人才的培养[J]. 创新与创业教育, 2010, 1(1): 25-30.

[3] 全国高等学校学生信息咨询与就业指导中心. 全国高校毕业生就业状况(2009—2010)[M]. 北京: 北京大学出版社, 2010: 81-85.

[4] 麦可思研究院. 大学生求职决胜宝典(2010年版)[M]. 北京: 清华大学出版社, 2010: 215.

[5] 朱高峰. 中国工程教育的现状和展望[J]. 清华大学教育研究, 2015, 36(1): 13-20.

[6] 金津, 程骄杰, 照文华. 从麻省理工学院创业大赛看研究型大学创业教育[J]. 世界教育信息, 2010, (9): 64-68.

[7] World Economic Forum. Unlocking entrepreneur capabilities to meet the global challenges of the 21st century: final report on the entrepreneurship education work stream[R]. Geneva, 2011: 6.

[8] 高桂娟, 苏洋. 学校教育与大学生创业能力的关系研究[J]. 复旦教育论坛, 2014, 12(1): 24-30.

[9] 朱红, 张优良. 北京高校创业教育对本专科生创业意向的影响机制——基于学生参与视角的实证研究[J]. 清华大学教育研究, 2014, (6): 100-107.

[10] 吴先华, 叶卫美. 普通高校创业教育教学情况的实证调查[J]. 中国大学教学, 2012, (2): 100-107.

[11] 李志永. 日本高校创业教育[M]. 杭州: 浙江教育出版社, 2010: 48.

[12] 陈以一, 李晔, 陈明. 新工业革命背景下国际工程教育改革发展动向[J]. 高等工程教育研究, 2014, (6): 1-5.

[13] 樊华. 高等工程教育范式革命与发展战略选择[J]. 科学学与科学技术管理, 2005, (2): 1-5.

[14] Duderstadt J J. Engineering for a changing world: a roadmap to the future of engineering practice, research and education[R]. The Millennium Project, the University of Michigan, 2008.

[15] 埃兹科维茨 H. 麻省理工学院与创业学科的兴起[M]. 王孙禺, 袁本涛, 等译. 北京: 清华大学出版社, 2007: 1.

[16] 李曼丽. 独辟蹊径的卓越工程师培养之道——欧林工学院的人才教育理念与实践[J]. 大学教育科学, 2010, (2): 91-96.

[17] 崔军, 汪霞. 社会对高等工程教育课程改革的诉求研究——基于工业界企业雇主的调查[J]. 高等工程教育研究, 2013, (2): 82-89.

[18] 查建中, 何永汕. 中国工程教育改革三大战略[M]. 北京: 北京理工大学出版社, 2009: 14-15.

[19] 中国工程院"创新人才"项目组. 走向创新——创新型工程科技人才培养研究 [J]. 高等工程教育研究, 2010, (1): 1-19.

[20] Stevenson H. The heart of entrepreneurship[J]. Harvard Business Review, 1985, (March-April): 85-94.

[21] Shane S, Venkataraman S. The promise of entrepreneurship as a field of research [J]. Academy of Management Review, 2000, 25 (1): 217-226.

[22] 蒂蒙斯 J A, 斯皮内利 S. 创业学[M]. 周伟民, 吕长春译. 北京: 人民邮电出版社, 2005.

[23] Read S, Sarasvathy S D. Knowing what to do and doing what you know: effectuation as a form of entrepreneurial expertise[J]. Journal of Private Equity, 2005, 9(1): 45-62.

[24] Lumpkin G T, Dess G G. Clarifying the entrepreneurial orientation construct and linking it to performance[J]. Academy of Management Review, 1996, 21(1): 135-172.

[25] Stone R W, Good D J. Measuring entrepreneurial orientation in an individualized technology context[J]. Journal of Business and Entrepreneurship, 2004, 16(8): 1-22.

[26] Elenurm T. Entrepreneurial orientations of business students and entrepreneurs[J]. Baltic Journal of Management, 2012, 7(2): 217-231.

[27] 张项民. 创业教育与专业教育耦合研究[M]. 北京: 科学出版社, 2013: 6.

[28] 徐小洲, 梅伟惠. 高校创业教育的战略选择: 美国模式与欧盟模式[J]. 高等教育研究, 2010, 31(6): 98-103.

[29] 梅伟惠. 欧盟高校创业教育政策分析[J]. 教育发展研究, 2010, (9): 77-81.

[30] 蒂蒙斯 J A. 战略与商业机会[M]. 周伟民, 等译. 北京: 华夏出版社, 2002.

[31] 罗志敏, 夏人青. 高校创业教育的本质与逻辑[J]. 教育发展研究, 2011, 1: 29-33.

[32] 张慧洁, 孙中涛. 我国大学通识教育研究综述[J]. 高等工程教育研究, 2009, (5): 81-88.

[33] 何秀煌. 从通识教育的观点看——文明教育和人性教育的反思[M]. 香港: 海啸出版事业有限公司, 1998: 74.

[34] 武世兴, 杨亚鸿. 美国高校创业教育——考夫曼创业基金会关于美国高校创业教育研究报告[J]. 中国大学教学, 2011, (4): 88-92.

[35] Ewing Marion Kauffman Foundation. On the road to an entrepreneurial economy: a research and policy guide (version 2.0)[R]. July, 2007.

[36] 董泽芳. 高校人才培养模式的概念界定与要素解析[J]. 大学教育科学, 2012, (3): 30-36.

[37] Fayolle A, Gailly B. From craft to science: teaching models and learning process in entrepreneurship education[J]. Journal of European Industrial Tranining, 2008, 32 (7): 569-593.

[38] 尹琦, 曹秀平, 朱军南. 创业教育体系设计与高校二元教育的形成[J]. 辽宁工业大学学报(社会科学版), 2009, 11(6): 93-96.

[39] 木志荣. 我国大学生创业教育模式探讨[J]. 高等教育研究, 2006, 27(11): 79-84.

[40] Richardson I, Hynes B. Entrepreneurship education: towards an industry sector approach[J]. Education+Training, 2008, 50(3): 188-198.

[41] 张昊民, 马君. 高校创业教育研究——全球视角与本土实践[M]. 北京: 中国人民大学出版社, 2012: 105-114.

[42] 邓汉慧, 刘帆, 赵纹纹. 美国创业教育的兴起发展与挑战[J]. 中国青年研究, 2007, (9): 10-15.

[43] HM Treasury, Department for Trade and Industry, Department for Education and Skills and Department for Health. Science & innovation investment framework 2004-2014[EB/OL]. http://www. hm-treasury. gov. uk/media/lEl/5E/bud06_science_ 332. pdf [2015-12-20].

[44] 刘敏. 法国创业教育研究及启示[J]. 比较教育研究, 2010, (10): 72-75.

[45] Bourgeois A. European Commission, entrepreneurship education at school in Europe national strategies, curricula and learning outcomes[J]. Education, Audiovisual and Culture Executive Agency, 2012, (18): 203-216.

[46] 张昊民，陈虹，马君. 日本创业教育的演进、经典案例及启示[J]. 比较教育研究，2012，（11）：49-54.

[47] 朴钟鹤. 韩国高校创业教育发展与创新——以五所"创业研究生院"为例[J]. 比较教育研究，2013，（5）：63-67.

[48] 施晓光. 印度高校创业教育：发展中国家的个案[J]. 比较教育研究，2014，（2）：42-46.

[49] Ge L, Peng X M. Research fronts of international entrepreneurship education in the visual threshold of knowmetrics[J]. Journal of Knowledge-based Innovation in China, 2012, 4（1）：55-65.

[50] 张帏，高建. 斯坦福大学创业教育体系和特点的研究[J]. 科学学与科学技术管理，2006，（9）：143-147.

[51] 刘丽君. 知识创业教育导论——工科研究生创新创业型人才的有效培养模式研究[M]. 北京：北京理工大学出版社，2010：130-133.

[52] 房国忠，刘宏妍. 美国大学生创业教育模式及其启示[J]. 外国教育研究，2006，33（12）：41-44.

[53] Moore C F. Understanding entrepreneurial behavior: a definition and model[R]. Academy of Management Proceedings, 1986: 66-70.

[54] 教育部高等教育司. 世界主要国家创业教育情况[M]. 北京：高等教育出版社，2012：138.

[55] 王雁，孔寒冰，王沛民. 世界一流大学的现代学术职能——英国剑桥大学案例[J]. 清华大学教育研究，2002，1：27-33.

[56] 李志永. 日本大学创业教育的发展与特点[J]. 比较教育研究，2009，3：40-44.

[57] 陈瑞英，顾征. 新世纪日本高校的创业教育现状与课题[J]. 高等工程教育研究，2010，（2）：22-30.

[58] 安宁，王宏起. 理工科大学创业教育模式的国际比较及启示——基于多案例分析视角[J]. 高等工程研究，2012，（6）：132-136.

[59] 李伟铭，黎春燕，杜晓华. 我国高校创业教育十年：演进、问题与体系建设[J]. 教育研究，2013，（6）：42-51.

[60] 教育部高等教育司. 高等学校创业教育经验汇编[M]. 北京：高等教育出版社，2011：188-200.

[61] Rasmussen E, Mosey S, Wright M. The evolution of entrepreneurial competencies: a longitudinal study of university spin-off venture emergence[J]. Journal of Management Studies, 2011, 48（6）：1314-1346.

[62] Kantor J. Can entrepreneurship be taught—a Canadian experiment[J]. Journal of Small Business Venturing, 1998, 2（3）：12-19.

[63] 蒂蒙斯 J A. 创业者[M]. 周伟民译. 北京：华夏出版社，2002：40.

[64] Chandler G N, Jansen E J. Founder's self-assessed competence and venture performance[J]. Journal of Business Venturing, 1992, 7（3）：223-236.

[65] Smith W L, Schallenkamp K, Eichlolz D E. Entrepreneurial skills assenssment: an exploratory study[J]. International Journal of Management and Enterprise Development, 2007, 4（2）：179-201.

[66] Rudmann C. Entrepreneurial skills and their role in enhancing the relative independence of

farmers: results and recommendations from the research project developing entrepreneurial skills of farmers[R]. Frick, Switzerland: Research Institute of Organic Agriculture, 2008.

[67] 高健, 程源, 李习保, 等. 全球创业观察中国报告: 创业转型与就业效应(2007)[M]. 北京: 清华大学出版社, 2008: 38-42.

[68] 唐靖, 姜彦福. 创业能力概念的理论构建及实证检验[J]. 科学学与科学技术管理, 2008, (8): 52-57.

[69] 尹苗苗, 蔡莉. 创业能力研究现状探析与未来展望[J]. 外国经济与管理, 2012, 34(12): 1-11.

[70] 曾尔雷. 美国创业教育国家内容标准鉴析[J]. 教育探索, 2010, 12: 155-157.

[71] Babson entrepreneurship program[EB/OL]. http: //www. babson. edu/enterprise education programs/ entrepreneurship-program/Pages/custom-programs. aspx[2013-03-13].

[72] 梅伟惠, 徐小洲. 大学生创业技能要素模型[J]. 高等工程教育研究, 2012, (3): 57-61.

[73] 王辉, 张辉华. 大学生创业能力的内涵与结构——案例与实证研究[J]. 国家教育行政学院学报, 2012, (2): 81-86.

[74] 蒋乃平. 创业能力包含三类能力[J]. 职教通讯, 1999, (3): 37-39.

[75] Bandura A. Self-efficacy: toward a unifying theory of behavioral change[J]. Psychological Review, 1977, 84(2): 191-215.

[76] Jung D I, Ehrlich S B, De Noble A F. Entrepreneurial self-efficacy and its relationship to entrepreneurial action: a comparative study between the US and Korea[J]. Management International, 2001, 6(1): 41-53.

[77] Markman G D, Baron R A, Balkin D B. Are perseverance and self-efficacy costless? Assessing entrepreneurs' regretful thinking[J]. Journal of Organizational Behavior, 2005, 26(1): 1-19.

[78] Hmieleski K M, Corbett A C. The contrasting interaction effects of improvisational behavior with entrepreneurial self-efficacy on new venture performance and entrepreneur work satisfaction[J]. Journal of Business Venturing, 2008, 23(4): 482-496.

[79] Gist M E, Mitchelh T R. Self-efficacy: a theoretical analysis of its determinants and malleability[J]. Academy of Management Review, 1992, 17(2): 183-211.

[80] 丁明磊, 杨芳, 王云峰. 试析创业自我效能感及其对创业意向的影响[J]. 外国经济与管理, 2009, 31(5): 1-7.

[81] 毛晋平. 大学生学习适应性与气质型乐观、目标定向、自我效能的关系[J]. 高等教育研究, 2011, 32(4): 77-80.

[82] 李胜强, 雷环, 高国华, 等. 以项目为基础的教学方法对提高大学生工程实践自我效能的影响研究[J]. 高等工程教育研究, 2011, (3): 21-27.

[83] 孟彦莉. 基于混合式教学的大学英语写作自我效能感培养研究[J]. 电化教育研究, 2011, (5): 96-101.

[84] 徐小洲, 叶映华. 大学生创业认知影响因素与调整策略[J]. 教育研究, 2010, (6): 83-88.

[85] 徐小洲, 叶映华. 大学生创业信念的影响因素与提升策略[J]. 高等工程教育研究, 2010, (3): 78-82.

[86] 韩力争, 傅宏. 大学生创业自我效能感量表的构建[J]. 南京师范大学学报(社会科学版), 2009, (1): 113-118.

[87] 韩力争, 傅宏. 大学生创业自我效能感现状分析与培养途径[J]. 南京财经大学学报, 2009, (4): 91-93, 108.

[88] 沈漪文, 卢智健. 创业生态系统概念辨析[J]. 商业经济, 2013, (8): 93-94.

[89] Kauffman Foundation. Understanding entrepreneurship: a research and policy report[EB/OL]. http://www. kauffman. org/uploadedFiles/R_Policy_Singles. pdf [2016-03-10].

[90] 赵涛, 刘文光, 边伟军. 区域创业生态系统的结构模式与功能机制研究[J]. 科技管理研究, 2011, 24: 78-82.

[91] Isenberg D. Introducing the entrepreneurship ecosystem: four defining[EB/OL]. http://www. forbes.com/sites/danisenberg/2011/05/25/introducing-the-entrepreneurship-ecosystem-four-defining-characteristics/[2014-01-16].

[92] Cohen B. Sustainable valley entrepreneurial ecosystems[J]. Business Strategy and the Environment, 2006, 15(1): 1-14.

[93] Bernardez M. The power of entrepreneurial ecosystems-extracting booms from busts[EB/OL]. http://www. expert2business. com/itson/Articles/Ecosysterns. pdf [2014-01-16].

[94] Dunn K. The entrepreneurship ecosystem[EB/OL]. http://www.Technologyreview.com/article/404622/the-entrepreneurship-ecosystem/[2005-09-01].

[95] Brush C G. Exploring the concept of an entrepreneurship education system[A]//Kuratko D F, Hoskinson S, Wheeler A R. Innovative Pathways for University Entrepreneurship in the 21st Century[C]. Bingley: Emerald Group Publishing Limited, 2014: 25-39.

[96] Carvalho L L, Costa T, Dominguinhos P. Creating an entrepreneurship ecosystem in higher education[EB/OL]. http://cdn. intechweb. org/pdfs/10542. pdf [2010-03-01].

[97] 刘林青, 夏清华, 周潞. 创业型大学的创业生态系统初探——以麻省理工学院为例[J]. 高等教育研究, 2009, 30(3): 19-26.

[98] 何郁冰, 丁佳敏. 创业型大学如何构建创业教育生态系统? [J]. 科学学研究, 2015, 33(7): 1043-1051.

[99] 郑刚, 郭艳婷. 世界一流大学如何打造创业教育生态系统——斯坦福大学的经验与启示[J]. 比较教育研究, 2014, (9): 25-31.

[100] Cone J, Magelli P. Where are we now: reflections from the U.S. Paper presented at the NCGE/UKSEC international enterpreneurship educators conference "achieving entrepreneurial outcomes: educator challenges and opportunities" [EB/OL]. http://www.ncge.com/uploads/KauffmanA. ppt [2016-02-15].

[101] 温彭年, 贾国英. 建构主义理论与教学改革——建构主义学习理论综述[J]. 教育理论与实践, 2002, 22(5): 17-22.

[102] 何克抗. 建构主义——革新传统教学的理论基础(上)[J]. 电化教育研究, 1997, (3): 3-9.

[103] 何克抗. 建构主义——革新传统教学的理论基础(中)[J]. 电化教育研究, 1997, (4): 25-27.

[104] 郭建鹏. 如何准确理解建构主义教学思想[J]. 教育学报, 2005, 1(6): 52-56.

[105] 司托克斯 D E. 基础科学与技术创新: 巴斯德象限[M]. 周春彦, 谷春立译. 北京: 科学出版社, 1999.

[106] 斯米勒 R W, 迪特里希 G B, 吉布森 D V. 促进创业的大学: 高等教育在美国的技术商业化和经济发展中的作用[J]. 仕琦译. 国际社会科学(中文版), 1994, (1): 5-15.

[107] Holtz E D, Joulfaian D, Rosen H S. Entrepreneurial decisions and liquidity constraints[J]. Rand Journal of Economics, 1994, 6(25): 334-347.

[108] Shane S A. Where is entrepreneurship research heading[R]. Singapore, 2001.

[109] 蔡莉, 王旭, 李雪灵. 科技型企业创生要素的系统分析[J]. 科研管理, 2005, (2): 29-34.

[110] 郭元源, 陈瑶瑶, 池仁勇. 城市创业环境评价方法研究及实证[J]. 科技进步与对策, 2006, (2): 141-145.

[111] 黄兆信, 曾纪瑞, 曾尔雷. 以岗位创业为导向的人才培养体系研究与实践——以温州大学为例[J]. 教育研究, 2013, (6): 144-149.

[112] 黄兆信, 曲小远, 施永川, 等. 以岗位创业为导向的高校创业教育新模式——以温州大学为例[J]. 高等教育研究, 2014, 35 (8): 87-91.

[113] 朱闻亚. 基于"专业-就业-创业"的电子商务专业实践教学体系研究[J]. 中国高教研究, 2012, (2): 107-110.

[114] 王建新. 高职院校"教学-科研-创业"一站式人才培养模式的研究——以义乌工商职业技术学院产品造型专业为例[J]. 中国高教研究, 2014, (5): 89-92.

[115] Wang E L, Kleppe J A. How to assess the effectiveness of engineering programs in invention, innovation, and entrepreneurship[R]. Symposium Conducted at the American Society for Engineering Education Annual Conference and Exposition, 2001.

[116] Hytti U, O'Gorman C. What is enterprise education? An analysis of the objectives and methods of enterprise education programmes in four European countries[J]. Education+Training, 2004, 46(1): 11-23.

[117] Kourilsky M L. Entrepreneurship education: opportunity in search of curriculum[J]. Business Education Forum, 1995, (10): 11-15.

[118] OECD. Entrepreneurship and Higher Education[M]. Paris: OECD, 2008: 169-172.

[119] 余天佐, 刘少雪. 从外部评估转向自我改进——美国工程教育专业认证标准 EC2000 的变革及启示[J]. 高等工程教育研究, 2014, (6): 28-34.

[120] 安宁, 王宏起. 创业者先前经验、学习模式与新技术企业绩效——基于初始条件视角的实证研究[J]. 商业经济与管理, 2011, (9): 34-42.

[121] Porter M E. Clusters and the new economics of competition[J]. Harvard Business Review, 1998, (11): 77-90.

[122] 王缉慈, 等. 超越集群——中国产业集群的理论探索[M]. 北京: 科学出版社, 2010: 13-18.

[123] 安宁, 王宏起. 高校创业课程体系集群化模式构建研究[J]. 高等工程教育研究, 2014, (2): 132-136.

[124] 白逸仙, 陈敏, 王英, 等. 创业型工程人才的培养方式: 基于项目学习的工程创业训练[J]. 高等工程教育研究, 2013, (6): 122-132.

[125] 黄兆信, 曾尔雷, 施永川. 高校创业教育的重心转变——以温州大学为例[J]. 教育研究, 2011, (10): 101-104.

[126] 孔寒冰, 叶民. 国际视角的工程教育模式创新研究[M]. 杭州: 浙江大学出版社, 2014: 82-92.

[127] European Commission. Entrepreneurship in higher education, especially within non-business studies[EB/OL]. http: //ec. europa. eu/enterprise/entrepreneurship/support_measures/training_

ducation/ entr_highed. pdf [2012-06-20].

[128] 陈启湖. 体育教育专业创业教育实践平台模式构建[J]. 武汉体育学院学报, 2011,（11）: 77-82.

[129] 内克 H, 格林 P G, 布拉什 C G. 如何教创业——基于实践的百森教学法[M]. 薛红志, 李华晶, 张慧玉, 等译. 北京: 机械工业出版社, 2015: 3-13.

[130] Fayolle A, Gailly B. From craft to science: teaching models and learning processes in entrepreneurship education[J]. Journal of European Industrial Training, 2008, 32（7）: 569-593.

[131] Rasmussen E A, Sorheim R. Action-based entrepreneurship education[J]. Technovation, 2006, 26: 185-194.

[132] Helge L. Learning entrepreneurship from a construtivist perspective[J]. Technology Analysis & Strategic Management, 2006, 18: 19-38.

[133] Baron R A, Henry R A. How entrepreneurs acquire the capability to excel: insights from research on expert performance[J]. Strategic Entrepreneurship Journal, 2010, （4）: 49-65.

[134] Solommon G T. An examination of entrepreneurship education in the United States[J]. Journal of Small Business and Enterprise Development, 2007, 14（2）: 168-182.

[135] 徐小洲. 大学生创业技能发展战略研究[M]. 杭州: 浙江大学出版社, 2014: 126.

[136] Bygrave W D, Hofer C W. Theorizing about entrepreneurship[J]. Entrepreneurship Theory and Practice, 1991, 16（2）: 13-22.

[137] Venkataraman S. The distinctive domain of entrepreneurship research[J]. Advances in Entrepreneurship, Firm Emergence and Growth, 1997, （3）: 119-138.

[138] Shane S. Reflections on the 2010 AMR decade award: delivering on the promise of entrepreneurship as a field of research[J]. Academy of Management Review, 2012, 37（1）: 10-20.

[139] 安宁, 王莉静, 王瑞. 自我效能导向的双维度交互式教学方法研究——以"创业基础"课为例[J]. 黑龙江教育（高教研究与评估）, 2015, （3）: 3-5.

[140] Bandura A, Schunk D H. Cultivating competence, self-efficacy, and intrinsic interest through proximal self-motivation[J]. Journal of Personality and Social Psychology, 1981, （41）: 586-598.

[141] Gibb A A. Enterprise culture-its meaning and implications for education and training[J]. Journal of European Industrial Training, 1987, 11（2）: 2-38.

[142] 丁三青. 中国需要真正的创业教育——基于"挑战杯"全国大学生创业计划竞赛的分析[J]. 高等教育研究, 2007, （3）: 87-94.

[143] Hoing B. Entrepreneurship education: toward a model of contingency-based business planing [J]. Academy of Management Learning and Education, 2004, 3（3）: 258-273.

[144] 王琼, 盛德策, 陈雪梅. 项目驱动下的大学生创新创业教育[J]. 实验技术与管理, 2013, 30（6）: 99-101.

[145] 安宁. 区域孵化器网络的构建与管理研究[D]. 大连: 大连理工大学硕士学位论文, 2006: 1-2.

[146] 安宁, 王宏起. 国际典型大学科技园发展模式的比较研究[J]. 科技管理研究, 2008, （1）: 67-68.

[147] Mian S A. Assessing and managing the university technology business incubator: an integrative framework[J]. Journal of Business Venturing, 1997, 12(4): 251-285.

[148] Malone T W. Modeling coordination in organizations and market[J]. Management Science, 1987, 33: 1317-1332.

[149] 安宁, 王宏起. 我国大学科技园孵化器网络服务平台建设研究[J]. 工业技术经济, 2008, 27(7): 68-70.

[150] 黄亲国. 论大学科技园对大学创业教育的作用[J]. 高教研究, 2006, (6): 36-37.

[151] 梅伟惠. 高校创业教育评价的类型与影响因素[J]. 教育发展研究, 2011, (3): 45-49.

[152] 沈超红, 陈彪, 陈洪帅. 创业教育"时滞效应"与创业教育效果评价分析[J]. 创新与创业教育, 2010, 1(4): 3-7.

[153] Souitaris V, Zerbinati S. Do entrepreneurship programmes raise entrepreneurial intention of science and engineering students? The effect to learning, inspiration and resources[J]. Journal of Business Venturing, 2007, 22(4): 566 -591.

[154] Peterman N E, Kennedy J. Enterprise education: influencing students' perceptions of entrepreneurship[J] . Entrepreneurship Theory and Practice, 2003, 28 (2): 129-144.

[155] Block Z, Stump S A. Entrepreneurship education research: experience and challenge[A]. //Sexton D L, Kasarda J M. The State of the Art of Entrepreneurship[C]. Boston: PWSkent Publishing, 1992: 21.

[156] Vesper K H, Gartner W B. Measuring progress in entrepreneurship education[J]. Journal of Business Venturing, 1997, 12(5): 403-421.

[157] Robinson P, Haynes M. Entrepreneurship education in America's major universities[J]. Entrepreneurship Education and Practice, 1991, 15(3): 41-52.

[158] Pittaway L, Edwards C. Assessment: examining practice in entrepreneurship education[J]. Education+Training, 2012, 54(8): 778-800.

[159] 刘海滨, 杨颖秀, 陈雷. 基于 AHP 的大学生就业创业教育评价指标体系构建[J]. 东北师范大学(哲学社会科学版), 2012, (6): 227-232.

[160] 陶丹, 陈德慧. 中国高校创业教育质量评价指标体系研究[J]. 科技管理研究, 2010, (5): 84-86.

[161] 秦敬民. 基于 QFD 的高校创业教育质量评价研究[D]. 天津: 天津大学博士学位论文, 2009: 106-138.

[162] Brush C G, Duhaime I M, Gartner W B, et al. Doctoral education in the field of entrepreneurship[J]. Journal of Management, 2003, (29): 309-331.

[163] 徐小洲, 梅伟慧. 高校创业教育体系建设战略研究[M]. 杭州: 浙江教育出版社, 2015: 170-171.

[164] 夏光, 屠梅曾. "三区联动"的内涵、机制剖析及理论演进脉络[J]. 科学学与科学技术管理, 2007, (9): 102-108.

[165] 李建强, 屠启宇, 苏宁, 等. 大学校区、科技园区、公共社区联动发展——区域创新体系建设的理论与实践[M]. 上海: 上海社会科学院出版社, 2007: 64-70.

[166] 官远发, 王雁, 章仁彪. 环大学经济圈: 从知识外溢到科技转化——"知识杨浦: 三区联动之同济模式"研究[J]. 高等工程教育研究, 2007, (6): 13-19.

[167] 李炳安. 产学研合作的英国教学公司模式及其借鉴[J]. 高等工程教育研究, 2012, (1): 58-63.

[168] 孙福全. 主要发达国家的产学研合作创新——基本经验及启示[M]. 北京: 经济管理出版社, 2008: 45.

[169] 鲁若愚, 张鹏, 张红琪. 产学研合作创新模式研究——基于广东省部合作创新实践的研究[J]. 科学学研究, 2012, 30(2): 186-193.

[170] 冯云廷. 地区性资源共享机制研究[J]. 天津社会科学, 2006, (3): 61-66.